财会类核心课程教学案例丛书

成本管理会计案例

解析与训练

鲍新中　丛书主编
徐　鲲　鲍新中　编

電子工業出版社
Publishing House of Electronics Industry
北京 · BEIJING

内 容 简 介

本书分为三部分，共 9 章，每章基本为一个企业综合案例(每个综合案例中涉及 3～4 个教学内容)。其中，第 1～2 章(前两个综合案例)为案例解析篇，对案例进行深入剖析，每一节是一个教学内容的案例，从案例背景、案例提示、案例分析和案例小结四个方面展开讨论。第 3～5 章是案例训练篇，提供了 3 个公司共 8 个案例供学生练习。第 6～9 章是扩展阅读篇，给学生提供了详细的案例实践资料，供学生课后深入阅读理解。

图书在版编目(CIP)数据

成本管理会计案例：解析与训练 / 徐鲲，鲍新中编著. —北京：电子工业出版社，2018.7
ISBN 978-7-121-34812-9

I. ①成… II. ①徐… ②鲍… III. ①成本会计 IV. ①F234.2

中国版本图书馆 CIP 数据核字(2018)第 171217 号

策划编辑：石会敏
责任编辑：石会敏　　　特约编辑：赵翠芝　贺云飞
印　　刷：北京虎彩文化传播有限公司
装　　订：北京虎彩文化传播有限公司
出版发行：电子工业出版社
　　　　　北京市海淀区万寿路 173 信箱　　　邮编：100036
开　　本：787×1092　1/16　印张：9.5　　字数：240 千字
版　　次：2018 年 7 月第 1 版
印　　次：2020 年 1 月第 3 次印刷
定　　价：30.00 元

凡所购买电子工业出版社图书有缺损问题，请向购买书店调换。若书店售缺，请与本社发行部联系，联系及邮购电话：(010)88254888，88258888。

质量投诉请发邮件至 zlts@phei.com.cn，盗版侵权举报请发邮件至 dbqq@phei.com.cn。

本书咨询联系方式：(010)88254537。

丛书总编简介

鲍新中，北京联合大学管理学院教授，会计学科带头人，创新企业财务管理研究中心主任，博士，北京市高校教学名师，北京市长城学者，北京市师德先锋称号获得者，中国注册会计师协会会员，《国际会计前言》杂志编委。主持国家社科基金、省部级课题、北京市教委教改课题，以及企业委托课题数十项。在 SCI、EI 国际期刊及《中国管理科学》《系统管理学报》《科学学研究》《管理学报》等国内专业学术期刊发表论文近一百余篇，主编或参编著作及译著十余本，2005 年和 2011 年作为高级访问学者两次在美国得克萨斯大学阿灵顿分校（University of Texas at Alington，UTA）进修并从事研究工作。主要研究方向为知识产权融资、供应链融资、财务风险管理等。

作者简介

徐鲲，北京联合大学管理学院财务管理专业主任，副教授，博士，创新企业财务管理研究中心副主任，北京市优秀教师、北京市青年岗位能手标兵获得者，曾经获得首届全国高校微课教学比赛二等奖，北京市青年教师教学基本功比赛一等奖、最佳演示奖、最受学生欢迎奖。多年从事财务会计类课程的教学和研究工作，主持和参与国家社科基金、国家自然科学基金、北京市社科基金、北京市自然科学基金及横向课题超过二十项。在 SSCI 及国内高水平专业期刊发表论文二十多篇。主要研究方向为供应链融资、成本管理。

总　　序

随着我国高等教育从精英教育向大众化教育的快速过渡，通识教育受到了我国高等教育界的广泛重视。实际上，通识教育的理念在我国由来已久，孔子曰“君子不器”，庄子曰“后世之学者，不幸不见天地之纯，古人之大体，道术将为天下裂”，这些都是明证。现代教育之父洪堡也明确指出：“大学应实施通识教育，而不应涉足职业教育。”而哈佛大学的“自由教育”——在自由探究精神指导下的不预设目标、不与职业挂钩的教育，也是在近 400 年的历史中一直坚持的一个理想，“尽管在越来越世俗化和功利化的今天，这种坚持已经变得越来越艰难”。

在大学教育中加强通识教育已经越来越多地成为研究型大学的共识，而以培养应用型人才为主的地方本科院校以及以培养高层次应用型专门人才为目标的专业硕士教育，由于专业教育事关学生的就业更受重视，可能出现“专业教育为主、通识教育为辅”的主次关系。事实上，专业教育和通识教育是共生的，是相互补充、交融的。哈佛通识教育委员会主席 J.哈里斯指出：“自由教育的特点是又宽又深。所谓宽，是指教给学生的整个知识范围‘宽’，深则意味着要深入各个专业，每门课都讲究深度。”专业教育致力于培养学生对某一学科的深入理解，这是专业化时代的要求。只有当一个人深入钻研某一复杂学科之后，不仅学会分析问题，还能合理地解决问题，才能明白真正的智力探究与探索是什么意思。即使一个人在学生时代选择的专业与他未来的事业之间毫无关联，或者 20 年后将所学的专业知识全部忘光，他至少懂得精通一门专业是怎么回事。从这个角度来说，专业教育也可以看成是广义通识教育的组成部分，专业教育与通识教育并不是相互对立的，而是相互融合的。

秉承“知行思创”的教学理念，北京联合大学创新企业财务管理研究中心在财会类本科和硕士层面的人才培养过程中，在通识教育和专业教育的相互融合方面做出了有益的尝试，旨在培养“五个一”的高层次应用型人才。“知”即掌握专业知识，获取一张有分量的专业证书；“行”即注重专业实习和社会实践，拥有一段有收获的实践经历；“思”即在专业知识基础上的拓展，拥有一段深入的科学研究体验；“创”即培养创新思维、创新能力和兴趣爱好，获得一张有含金量的竞赛获奖证书，继而拥有一份美好的职业和生活前景。

案例教学是贯彻“知行思创”教学理念的重要手段。在“知”层面，通过案例将多门课程的内容融合，促进专业知识的融会贯通；在“行”方面，案例来源于教师的专业实践工作，使学生的学习更加贴近实际；在“思”方面，学生通过案例分析，写出具有专业水准的研究报告；在“创”方面，鼓励学生参加专业案例大赛，提升全面能力。

经过多年的探索，北京联合大学创新企业财务管理研究中心在高层次应用型人才培养方面取得了一定的成绩，特别是在案例教学方面积累了一定的经验。在2018年《中国大学分专业竞争力排行榜》中，北京联合大学财务管理专业在全国505所开设此专业的高校中，名列第29位，排名5.74%，被评为五星专业，会计学专业被评为四星专业，排名全国同专业前12%。会计学学术硕士和会计专业硕士的人才培养也成绩突出，培养的研究生大都继续攻读博士学位或进入知名企业工作。研究中心的教师也获得北京高校教学名师奖、北京市优秀教师、北京市长城学者、北京市师德先锋、北京市青年岗位能手标兵、全国高校微课教学比赛二等奖、北京市青年教师教学基本功比赛一等奖等称号或奖项。

以前期的教学成果和研究成果为基础，北京联合大学创新企业财务管理研究中心此次将陆续整理出版“财会类核心课程教学案例丛书”，此套丛书包括五门主要核心课程的配套案例，即《成本管理会计案例：解析与训练》《财务管理案例：解析与训练》《财务会计案例：解析与训练》《财务分析案例：解析与训练》《审计案例：解析与训练》。本套丛书可作为高等学校会计学专业、财务管理专业、审计学专业等本科生，以及会计学学术硕士、会计专业硕士、MBA、EMBA等研究生的教学参考书，也可作为工商企业财会人员和企业经营管理人员的自学手册，还可作为企业培训高级财会类人才和经营管理人才的培训参考教材。

案例的编写和运用是高层次应用型人才培养中贯彻通识教育和专业教育相融合的一条有效途径，但是原创案例的编写是一项艰巨而费时的工作。鉴于能力所限，北京联合大学创新企业财务管理研究中心所编写的此套案例集中难免存在一些疏漏和不足，希望各位专家和广大读者给予批评指正，使之日臻完善。

2018.6.18

前　　言

最近，日本学者三谷宏治的著作《经营战略全史》和《商业模式全史》受到读者追捧，两本书对一百多年来全球企业的成功经营战略和成功商业模式进行了概括总结。进入21世纪以来，高科技和互联网得到快速发展，对企业发展也产生了重大影响。在目前创新经济背景下，商业模式和经营战略日新月异，三谷宏治也无法对近20年来企业的成功经营战略和商业模式进行归纳。从这个角度来说，这两本书可以被认为是在致敬历史。

《经营战略全史》一书中提到，如果要用一句话概括几十年间的经营战略历史，那就是“1960～1980年是定位学派占有压倒性的优势，80年代以后则是能力（组织、人事、流程等）学派占有优势”。定位学派的领军人物迈克尔·波特提出了最好的两种竞争战略，即“成本领先（Cost Leadership）战略”和“差别化（Differentiation）战略”。实际上，从泰勒的“科学管理法”和“T型福特车”的成功开始，一直到成本领先战略被普遍接受，成本管理就深入企业经营管理的方方面面，并在很大程度上决定了企业是否能够取得竞争优势，并最终在竞争中获胜。进入20世纪80年代的能力学派的群雄割据时代，从汤姆·彼得斯的《追求卓越》、乔治·斯托克的《时基竞争战略》，到迈克尔·哈默德《流程再造》、彼得·圣吉的《学习型组织》，再到杰恩·巴尼的《资源基础理论》，管理会计在能力学派的各项战略实施过程中都起着非常重要的作用。20世纪末期，大卫·诺顿和罗伯特·卡普兰提出了平衡计分卡理论，将管理会计提到了一个新的高度，它将定位（客户视角）与能力（业务与学习视角）相结合，并进一步将它们与财务业绩联系在一起。可以说，企业经营战略的发展历史，也是成本管理会计的发展历史。进入21世纪，在创新经济背景下，企业的竞争战略和商业模式在日新月异地发生变化，企业产品的成本构成可能与传统企业有了很大的区别，但是成本管理会计支持企业经营决策的职能将不会受到削弱，反而在很多情形下会得到加强。

随着人工智能技术和互联网技术的发展，财务机器人和财务共享中心对传统会计产生了重大影响，传统会计在未来的可替代性也越来越高，这已经是不争的事实。财务共享中心的建立使得基础会计人才的需求量大大降低，但是专业管理会计层和战略财务管理层的人才需求量却会不降反升。会计人员实现从“账房先生”到“价值经理”的转型和升级，是大势所趋。在这样的背景下，成本管理会计课程在财会类专业学习中的重要性不言而喻。

本书作者多年来坚持产教融合、科教融合的理念，将企业实践、科学研究的成果转化为教学案例，并集结成册出版。全书由北京联合大学创新企业财务管理研究中心徐鲲副教授和鲍新中教授编著。在案例的编写和整理过程中，学生宋美庆、董志强、张建斌、杨丽、张楠、马芮、肖莹、陈青青、凌燕、苗建壮等都做了很多工作。当教师最大的快乐是能够和学生们一起学习并成长，非常有幸能够在这些同学的求学道路上，陪伴他们一路前行，经历春夏秋冬。同学们的聪颖、善良、努力、乐观时时激励着我们要努力成为一名合格的教师。现在这些同学都已经毕业，并且在各自的岗位上发挥着重要的作用，愿他们前程似锦，生活快乐！

在本书的编写过程中，也参阅了国内外同行、专家的许多研究成果，并得到电子工业出版社的大力支持，在此一并表示衷心的感谢。

目　　录

第一部分　案例解析篇

第二部分　案例训练篇

第三部分 扩展阅读篇

第一部分　案例解析篇

第1章

企业集团管理下的南方物流公司

1.1 南方物流公司的责任中心管理

1.1.1 案例背景

1. 案例资料

“张总，如果今年这五个销售公司的业绩上不去，那我们物流公司今年的绩效目标也是要完不成了，我们物流公司内部都很努力，但是由于五个销售公司的问题，它们的业务量达不到预期的目标，从而使得我们公司的物流业务量减少，物流公司的收入比去年降低了不少。另外，今年年初物流公司对库房进行的粉刷处理，花费了100万元，按照会计准则的规定，在5年内进行摊销，今年要增加摊销成本20万元，所以，今年我们物流公司要亏损了，无法完成年初集团公司给我们物流公司制定的 30 万元的利润目标了。”这是南方物流公司的总经理刘欢对集团公司副总经理兼物流公司董事长张丰谈今年的年底考核问题。他接着对张丰说：“所以，我觉得年底考核的时候，希望集团考虑这个情况，酌情调整我们的业绩目标。”

南方物流公司的母公司润润医药集团是区域性大型医药分销企业，年销售额超过30亿元，业务范围主要集中在广东省内各个医院。润润医药集团的业务是由下属五个销售公司来完成的，五个销售公司都是独立法人，它们开展的业务按照药品的种类(如进口药、中成药、国产西药等)有所区分，但是业务内容也有所交叉。原来润润医药集团下属五个销售公司的物流配送业务是由单独设立的物流部负责的，并在广州市设有一个配送中心。集团下属五个销售公司根据业务需求向国内外各个医药生产企业订货，各个医药生产企业将订单的货物直接发送到配送中心，配送中心负责接货、储存。当五个销售公司接到各个医院发来的订单时，各销售公司的业务部门就将业务订单传送到配送中心，物流部根据各销售公司的订单，进行配货、发货，并负责按照订单要求将货物配送到客户手中。

为了加强物流部门的经营意识，也适应市场商流与物流分离的趋势，润润医药集团将原有的物流部门与配送中心独立出来，成立了一个具有独立法人资格的物流公司，即南方物流公司，继续为集团公司下属五个销售公司提供物流服务。这样南方物流公司与其他五个销售公司一样，成为润润医药集团下属的全资子公司，并且也具有法人资格，开展独立的会计和纳税服务。从一定意义上讲，原来润润集团内部的物流服务部门变成了一个第三方物流企业。第三方物流服务企业(Third-party Logistics Service Provider，TPL或 3PL)是指为公司提供全部或部分物流服务的外部供应商。3PL 供应商提供的物流服务一般包括运输、仓储管理、配送等。在此过程中，3PL 供应商即非生产方，又非销售方，而是在从生产到销售的整个物流过程中进行服务的第三方，它一般不拥有商品，只是为客户提供仓储、配送等物流服务。

物流部门调整之后，润润医药集团的组织结构如图 1-1 所示。

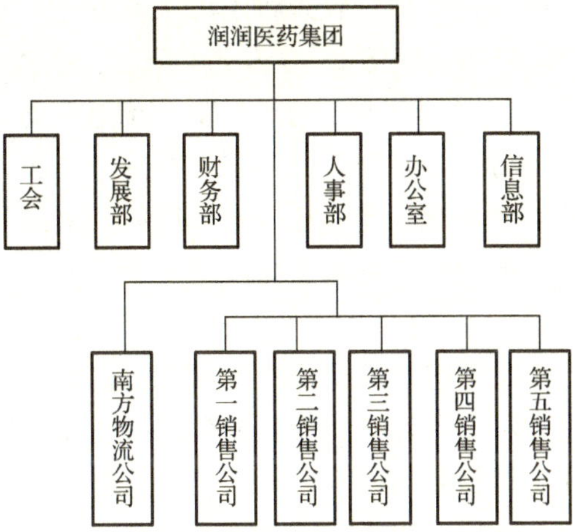

图 1-1　润润医药集团的组织机构设置

润润医药集团的副总经理张丰兼任南方物流公司的董事长，南方物流公司为五个销售公司提供一体化物流服务。虽然南方物流公司和五个销售公司都是润润医药集团的全资子公司，但是由于都是独立法人，都要独立向外提供财务报告，也要独立地核算会计利润，并缴纳所得税。所以，物流公司与销售公司的物流服务要按照正常市场行为进行收费。按照医药行业物流服务的平均收费标准水平，经过集团总部的协调，南方物流公司按照各个销售公司货物流转价值(以各销售公司的销售收入计算)的 0.5%向销售公司收取物流服务费用，构成物流公司的营业收入。由于南方物流公司的配送中心场地有限，在为各个销售公司提供物流服务的同时，物流公司没有精力再对外提供额外的物流服务。因此，南方物流公司收入的多少取决于五个销售公司的销售业务量。

过去两年中，润润医药集团五个销售公司的业务一直比较稳定，每年维持在 30 亿元以上。按照货值比例 0.5%的收费标准，南方物流公司这两年的营业收入都维持在 1500 万元以上，扣除每年的相关运营成本费用，南方物流公司的税后利润每年 30 万元左右。所以，集团公司给南方物流公司按利润中心进行考核，今年年初制定的绩效考核标准是 30 万元利润。

今年第一季度，各个销售公司的业务开展都很正常。考虑到原有的库房有些陈旧，且医药物流对库房的标准要求很高，所以，润润医药集团总部要求南方物流公司对库房的墙面进行一个整体粉刷处理，南方物流公司在 2～3 月份完成了此项工作，共耗费 100 万元。根据会计准则的要求，这项费用按照 5 年进行摊销，每年摊销 20 万元。

但是 4 月份，由于集团公司销售的一款医药产品出现了质量问题，使得润润集团的声誉受损，五个销售公司的业务不同程度地受到了一定影响。截止到 10 月底，五个销售公司的销售收入只有不到 21 亿元。集团预计，今年五个销售公司的营业收入预计可以达到 27 亿元。

作为南方物流公司的总经理，刘欢很担心自己年底的绩效考核。他经过认真测算之后认识到，有两个因素对今年物流公司的利润会产生明显影响：第一，由于润润集团整体销售收入下降 3 亿元，使得物流公司收入将下降 150 万元，考虑到变动成本也将随之降低的影响，这将使得物流公司利润下降 30 万元；第二，年底的库房装修费用摊销，将使得物流公司的利润减少 20 万元。这样，刘欢觉得今年南方物流公司的会计利润将会是 –20 万元。所以，刘经理觉得有必要向集团公司汇报这个情况，对物流公司亏损的原因要解释清楚，要不然年终的考核结果将会比较惨。所以，刘经理找到集团副总经理兼物流公司董事长张丰，表达了他对今年物流公司经营成果及年终考核的担忧。于是就有了本文开头的一段话。

张丰董事长听了之后，也理解刘欢经理的诉求。他也确实觉得对物流公司按照利润中心来进行考核存在一定的不合理性。因为物流公司无法左右每年的收入状况，收入的多少完全取决于集团的几个销售公司的营业收入情况。但是，物流公司是独立法人，需要对外独立报送报表，独立纳税，也肯定要核算会计利润。张董事长对刘欢说，由于特殊原因，使得今年的业务收入有所降低，也导致库房有所空置，你们可以适当开发一些集团外的对外物流服务业务，这样可以提高公司的收入，提高物流作业效率，尽量减少亏损额。

2. 案例思考

基于以上资料，请考虑下列问题：

(1) 在物流部门独立以前，如何进行物流部门的财务绩效考核？物流部门是一个独立的成本费用中心吗？能不能把物流部门当成一个利润中心进行内部利润的考核？

(2) 在成立独立的物流公司之后，物流公司是不是从原来的成本费用中心变成了一个利润中心？如何对物流公司的经营绩效进行考核？

(3) 对于库房粉刷导致的额外费用，并不是刘欢经理可以控制的成本，属于不可控成本，在集团公司进行绩效考核时，应该把不可控制成本考虑到考核范围之内吗？你觉得集团公司年底考核时是不是应该调整对物流公司的绩效考核指标？如果是，你觉得应该如何调整？

1.1.2 案例提示

(1) 在回答上述问题时，请特别考虑物流公司独立后，物流公司经理能不能控制整个公司的收入？同时物流公司的所有成本费用对于物流公司经理来说都是可控成本吗？如果不是，那么物流公司经理能控制自身的利润水平吗？

所以，从绩效考核的角度来说，对于责任中心的责任人，如果某项收入或者某项成本并不是他可以通过努力来控制的，那最好不要列入考核范围，否则就会让责任人抓不住重点，忽视自己该做的工作。

(2)表 1-1 中列出的是一家连锁经营企业其中一个连锁商店的月利润表，请考虑如果对这个连锁商店进行绩效考核，应该用表中的哪个指标更为合理？

表 1-1　某连锁商店的财务月利润表

商店 A	实际数		计划数	
项　　目	实际发生额(元)	占销售%	计划额(元)	占销售%
营业收入	1 236 845	100.00	1 305 855	100.00
营业成本	750 948	60.71	729 646	55.88
毛利	**485 897**	**39.29**	**576 208**	**44.12**
可控成本				
工人薪酬	86 619	7.00	102 891	7.88
管理人员薪酬	47 511	3.84	48 568	3.72
办公用品消耗	12 309	1.00	13 286	1.02
维护和修理费	11 431	0.92	11 976	0.92
水电费	55 535	4.49	59 141	4.53
其他可控成本	19 238	1.56	14 421	1.10
扣除可控成本后的利润	**253 253**	**20.48**	**325 925**	**24.96**
不可控成本				
租金	181 149	14.65	180 053	13.79
保险费	4 014	0.32	4 089	0.31
折旧费	49 976	4.04	51 796	3.97
利息费用	22 616	1.83	23 022	1.76
商店经营利润	**–4 502**	**–0.36**	**66 965**	**5.13**

1.1.3　案例分析

1. 知识点

责任中心是指承担一定经济责任，并享有一定权利的企业内部(责任)单位。责任中心一般划分为成本中心、利润中心和投资中心。

1)成本中心

成本中心是只对成本或费用负责的责任中心。成本中心的范围最广，只要有成本费用发生的地方，就可以建立成本中心，从而在企业形成逐级控制、层层负责的成本中心体系。成本中心具有只考虑成本费用、只对可控成本承担责任、只对责任成本进行考核和控制的特点。其中，可控成本具备三个条件，即可以预计、可以计量和可以控制。成本中心的考核指标包括成本(费用)变动额和成本(费用)变动率两项指标。

2) 利润中心

利润中心是指既对成本负责又对收入和利润负责的责任中心，它有独立或相对独立的收入和生产经营决策权。利润中心的类型包括自然利润中心和人为利润中心两种。自然利润中心具有全面的产品销售权、价格制定权、材料采购权及生产决策权。人为利润中心也有部分的经营权，能自主决定本利润中心的产品品种(含劳务)、产品产量、作业方法、人员调配、资金使用等。一般来说，只要能够制定出合理的内部转移价格，就可以将企业大多数生产半成品或提供劳务的成本中心改造成人为利润中心。

当利润中心不计算共同成本或不可控成本时，其考核指标是利润中心边际贡献总额，该指标等于利润中心销售收入总额与可控成本总额(或变动成本总额)的差额。当利润中心计算共同成本或不可控成本，并采取变动成本法计算成本时，其考核指标可以是利润中心边际贡献总额、利润中心负责人可控利润总额、利润中心可控利润总额等。

3) 投资中心

投资中心是指既对成本、收入和利润负责，又对投资效果负责的责任中心。投资中心是最高层次的责任中心，它拥有最大的决策权，也承担最大的责任。投资中心必然是利润中心，但利润中心并不都是投资中心。利润中心没有投资决策权，而且在考核利润时也不考虑所占用的资产。

投资中心的考核指标除考核利润指标外，主要考核能集中反映利润与投资额之间关系的指标，包括投资利润率和剩余收益。

2. 关于本案例的分析

(1) 由于南方物流公司的收入都是来自集团公司的物流服务，因此，物流公司的刘欢经理通过自己的努力并不能提高本公司的收入水平，这样集团公司在对其进行绩效考核时，显然不能考核其收入水平。因此，即使物流部门独立成立了物流公司，对外需要提供报表，也对外独立报税，但是，从内部的绩效考核讲，该物流公司还不能作为真正意义上的利润中心，而作为成本中心进行考核更加合理。

(2) 如果母公司对该物流公司实施利润中心管理，就要对其实现的利润额进行考核。到每年 9、10 月份的时候，如果母公司的销售收入实现情况很好，则物流公司必然可以得到很多的收入，对于物流公司的经理来说，实现预算的利润额就会很轻松；相反，如果母公司的销售收入实现很不好，物流公司的收入就会降低很多，从而预算的利润额无法实现。在这种情况下，物流公司的经理会认为预算利润的未实现是由于母公司收入降低而引起的，不能从自身的角度来挖掘物流公司的成本节约潜力。从这样的角度看，用利润中心对该物流公司或物流部门进行管理是不合适的。今年由于销售公司的业务开展不理想，影响了物流公司的利润水平，就使得刘欢经理担心自己的绩效考核不过关，但是他又无力解决。

(3) 事实上，对于该物流公司的经理来说，不用考核其收入的实现问题。对他的考核，应该从两个方面展开：一方面，保证物流服务水平能满足客户要求；另一方面，尽可能地降低物流成本。因此，应该从客户服务水平和物流成本两个角度确定考核指标体系，作为成本中心对该物流公司进行内部的绩效考核更为合理。

1.1.4 案例小结

从绩效考核的角度来说，考核的指标应该是被考核单位负责人能够控制的。如果被考核人通过自身的努力没法改变考核指标值的大小，则考核指标没有任何意义，且会起到消极的作用。不管是成本中心还是利润中心，在考核时特别要注意到可控成本和不可控成本包含的因素。

1.2 南方物流公司的成本核算与定价

1.2.1 案例背景

1. 南方物流公司的收费方式

南方物流公司同时为集团公司下属的五个医药销售企业客户提供货物仓储、配送以及其他相关增值服务。物流公司的基本业务是：客户的货物从医药制造企业发货过来之后，物流公司直接接货入库储存，再根据客户发来的订单，向省内各大中医院配送药品。五个客户的货物都储存在同一个配送中心内，配送中心内的人员、装卸搬运机器设备以及其他设施设备都是共用的，配送的作业也往往是共同实施。

五个销售公司中，有的客户的产品以进口药物为主，货物价值高，但占用的仓储空间面积并不大，个别货物还需要专门由物流公司建立一个冷库来储存；有的客户则以经营中成药为主，相对来说货值低、占用存储空间大；有的客户则中药、西药都有经营。也就是说，这五个客户的货物种类有所不同，客户要求提供的服务内容和服务质量要求也有所区别，但是由于物流企业的物流成本是共同发生的，而会计人员也没有办法将五个客户发生的共同成本公平合理地分摊给每个客户。在收费标准的制定上，由集团公司协调，物流公司对五个销售公司客户都按照流转货值的 0.5%统一进行收费。

2. 南方物流公司今年一季度的利润表

按照我国会计制度的规定，物流企业的成本费用项目包括营业税及附加、经营费用、管理费用三大类。除了缴纳的税金，物流企业的各项费用一般可以归为经营费用和管理费用两大类。经营费用可以看成与企业的经营业务直接相关的各项费用，如运输费、装卸费、包装费、广告费，以及营销人员的人工费、差旅费等；而管理费用一般是指企业为组织和管理整个企业的生产经营活动而发生的费用，包括行政管理部门管理人员的人工费、修理费、办公费、差旅费等。

表 1-2 是南方物流公司今年第一季度的利润表，从表中可以清楚地看出该公司经营费用和管理费用的构成内容。其中财务费用主要是公司对外负债的利息支出。

表 1-2　南方物流公司利润表及其营业费用和管理费用的构成

单位：元

项　　目	行　　次	本 年 累 计
一、营业收入	1	**4 343 871.40**
二、各项费用合计	2	4 112 956.36
1．经营费用	3	**2 946 706.53**
(1)装卸费	4	1 235 052.98
(2)保管费	5	25 060.00
(3)保险费	6	5027.00
(4)差旅费	7	16 531.00
(5)工资及福利	8	1 601 960.05
(6)其他	9	63 075.50
2．管理费用	10	**1 166 577.28**
(1)员工待业保险费	11	35 355.12
(2)业务活动费	12	9584.90
(3)工会经费	13	5868.00
(4)劳动保险费	14	13 445.80
(5)员工教育经费	15	550.00
(6)租赁费	16	15 261.20
(7)折旧费	17	273 538.41
(8)修理费	18	73 770.60
(9)房产税	19	25 000.00
(10)土地税	20	85 099.65
(11)印花税	21	199 954.70
(12)车船税	22	1450.00
(13)低值易耗品	23	86 037.70
(14)其他费用	24	341 615.90
3．财务费用	33	–327.45
三、税金及附加	34	**122 574.92**
四、营业外支出	35	—
五、以前年度损益调整	36	—
六、利润总额	37	**108 012.67**
七、企业所得税	38	**27 003.17**
八、净利润	39	**81 009.50**

3．案例思考

(1)公司是不是应该为五个客户单独地核算它们各自发生的物流成本，以有利于定价和改善物流服务质量？

(2)如果需要，那么共同发生的仓储成本、配送成本甚至行政管理成本应该如何分摊给五个客户？共同成本能不能按照五个客户各自的流转货值的比例进行分配？

1.2.2 案例提示

(1)首先要明确的是，该物流企业对五个客户都按照货物流转额的 0.5%进行收费是不合理的。例如，对于以进口药品为主的企业，由于货值高，收费的比例应该适当降低；相反以中成药为主的企业，由于其货值相对低，同样货值的物品其物流作业要增加很多，因此相对的收费比例应该提高。可是问题在于：收费比例怎么确定呢？如果我们可以有为每个客户提供服务时的物流成本发生额的信息支持，是不是就容易确定收费标准了呢？

(2)问题的关键在于，企业物流成本的发生额并没有按照客户来进行归集计算，因而可能得不到每个客户的成本信息。在一般的会计核算中，该物流企业的成本被计入了管理费用和营业费用，只有总成本费用发生额，并没有每个客户的物流成本发生额。按照案例中的问题，共同成本能不能按照五个客户各自的流转货值的比例进行分配？答案显然是否定的，如果真是按照货值流转额的比例进行分摊，那结果是：最后对每个客户的定价标准还是一样的，都是 0.5%。

(3)解决问题的思路。

将企业的经营活动分成若干个作业环节，例如对于该物流企业来说，业务运营相对比较简单，可以分成接货入库－商品储存－配货出库－共同配送四个业务环节，另外企业所有的行政职能管理也比较简单(包括财务核算、接单处理、信息系统服务和人事综合几个部门)，统一归纳为行政管理一个作业，还有一个冷库储藏作业，从而企业的经营活动被划分为 6 个作业。平时的会计核算中，发生任何费用时，都要分别计入这 6 个作业。

在每个月末，将 6 个作业发生的成本分别分摊给 5 个客户。这里需要确定每个作业成本分摊的标准。这个标准被称为成本动因(Cost Driver)。例如，接货入库作业的成本动因可以是接货入库的货物托盘数。也就是说，对于 5 个客户来说，谁接货入库的托盘数量多，谁就应该多分摊接货入库的成本。同样道理，把其他五个作业的成本都选择一个合适的成本动因分摊给 5 个客户，就可以分别得到 5 个客户的物流成本。这就是作业成本法(Activity-based Costing，ABC)的基本思路。关于成本动因的选择问题，请查阅相关教材的内容。这里推荐储存作业、配货出库、共同配送和行政管理四个作业的成本动因分别是储存空间占用、发货订单数量和接货发货订单数量之和，而冷库储藏作业，其实是为某个客户单独准备的，则其费用直接计入该客户的成本。

如果按照上述思路得到了每个客户的物流成本，那对每个客户分别进行定价就简单了，因为你会有一个希望的利润率。当然，你可能会说，很多情况下，企业的定价并不是基于成本加成的，而是受市场竞争价格的影响。那么，即使是市场定价，了解每个客户的实际物流成本也是很重要的，你可以了解每个客户的盈利或亏损情况，对改善企业的营销管理和客户服务管理很有意义。

另外，你想知道单位里仓储、配送、运输、接货入库等每个物流作业发生的成本吗？有了每个作业的成本，你是不是觉得可以使得物流成本的管理更加精细化？那么，作业成本法可以帮你做到这一点。除了上述的得到每个客户的服务成本，作业成本法还可以得到每个作业的成本，从而可以开展对接货入库作业、储存作业等每个作业的更有效的成本管理，包括预算管理、绩效考核管理等，从而提高每个物流作业的管理水平，也可以进一步降低物流成本。

1.2.3 案例分析

1. 知识点

物流企业实施作业成本法的几个关键环节。

1）选定成本对象

在作业成本法中，成本对象（Cost Objects，即成本核算对象）的定义可随研究的目的而有所不同。若研究的目的在于探讨每一客户的成本分析，则成本对象须定义为客户，最后可算出为服务不同的客户所投入的成本。若目的在于探讨每一产品的成本，则成本对象须定义为产品，最后可算出各产品的成本。一般来说，如果企业产品种类很多，可以合并成产品大类的成本对象。例如对于物流业，可依仓储位置将产品分类，因不同成本结构的产品，往往放置于不同位置。

2）确定物流作业

作业的选定当然要根据流程的每一个细部作业（Micro Activity）来决定。如果作业过多，则工作量会很大且得不到好的效果；如果作业数目过少，也起不到作业成本法的功效。

为了简化作业的数量，某些细部作业可以进一步合并为粗部作业（Macro Activity）。细部作业可以作为成本改善与绩效评估的单位来使用，因为每一个细部作业都可能由不同的员工和机器操作，因此可以单独进行绩效考核和作业改善，而如果仅仅是为了达到正确的成本累积，粗部作业就足够了。如果作业要合并，考虑一个因素，那就是成本动因要相同。如本案例中所列出的，如果配货出库和共同配送作业都选择用发货订单数量作为成本动因，那么在成本分摊问题上，这两个作业完全可以合并。但是如果考虑作业管理的问题，也可以分别作为细部作业而存在。

一般来说，物流公司或货主企业的物流部门在进行物流作业（或作业中心）的划分时，其作业主要包括采购作业、销售订单处理作业、拣货作业、补货作业、配送作业、退货作业等。

3）归集每项作业发生的资源费用

确定了各作业或作业中心之后，在日常的成本核算过程中，就要明确各项作业所包含的资源费用，并进行归集。

有些资源费用，是可以直接计入每个作业的，如每个作业的人员工资、设备折旧、物料消耗等。而另有一些资源费用，其发生额很难直接计入某项作业，如电费。如果每个作业有单独的电表，则可以直接计入每个作业；如果没有单独的电表，则总的电费需要分配到每个作业中，分配的方法可以相关人员的经验估计、几个作业负责人之间相互协商得到的结果或者武断分摊。对现场领班或部门经理作访谈可能是最有效的分摊方法。

4）确定每项作业的成本动因

成本动因是指每个物流成本核算对象消耗各作业中心成本的动因，或者说是期末将每个作业中心成本总额分配给成本核算对象的依据。选择作业成本动因，即选择驱动成本发生的因素。一项作业的成本动因往往不止一个，应选择与实耗资源相关程度较高且易于量化的成本动因作为分配作业成本、计算产品成本的依据。成本动因的选择要考虑两个因素。

（1）成本动因与作业中心消耗资源的相关程度。成本动因和消耗资源之间相关程度要高，也就是说，成本动因发生的越多，应该分摊的作业成本就应该越多。这是选择成本动因的基本原则。

（2）成本动因的计量性以及计量成本的合理性。即要求成本动因的计量比较简单，且在企业中获得的成本低。

企业中常见的物流作业成本动因主要有直接人工工时、托盘数量、订单数量、货物的货值等，这些成本动因也需要在日常的工作中加以统计计量。有些资源成本动因是会计资料中有的，如货值等；而有些资源成本动因需要在日常工作中进行计量，如订单数、托盘数等。

各项作业可能耗用的资源通过系统的记录方法，可以清楚地了解各项作业的成本。找出各项作业成本的成本动因，将作业成本客观地分摊至成本对象。

5）将作业成本分摊到成本对象

将上述计算的各个作业成本的费用，按照成本动因的统计结果分配到各个成本核算对象中，并将分配来的各项费用，包括直接成本和间接成本加总起来，便得到每个成本对象的总物流成本。每项作业的成本分配和每个成本核算对象的物流成本计算过程如下：

$$\text{某成本对象物流成本总额}=\text{直接成本}+\sum\text{该成本对象消耗的某项作业资源成本}$$

$$\frac{\text{某成本对象消耗的某项}}{\text{作业资源成本额}}=\frac{\text{该成本对象耗用的}}{\text{某作业成本动因数量}}\times\frac{\text{某作业的成本}}{\text{动因分配率}}$$

$$\frac{\text{某作业的成本}}{\text{动因分配率}}=\frac{\text{该作业的资源}}{\text{费用合计}}\div\frac{\text{全部成本对象消耗该项作业的}}{\text{成本动因数量的合计数}}$$

6）分析和管理物流成本

在没有物流成本管理基础的情况下，一般企业可依上述方法分离出物流成本。取得物流成本信息并不是目的，只是作为加强管理的一种工具，因此如何根据分离出的物流成本信息加强管理是问题的关键所在。

2. 南方物流公司的作业成本管理实施示例分析

这里以南方物流公司的数据为例来说明仓储配送型物流公司中作业成本法的实施。

表 1-2 为该物流公司第一季度的利润表。其中，该物流公司的成本由经营费用、管理费用、财务费用和营业税金及附加组成。其中财务费用主要是负债的利息，从表 1-2 中可以看到，财务费用为负值，说明该公司可能并没有发生银行贷款(负值是因为企业的银行存款而获得的利息)，而营业税金及附加则是直接与营业收入相关的，与内部作业无关。因此，在这里进行的作业成本分析中，不包括财务费用和营业税金及附加。因此，根据表 1-2 可知，该物流公司除去财务费用、营业税金及附加后的总物流成本为 2 946 706.53 + 1 166 577.28 = 4 113 283.81 元(经营费用与管理费用)。按照案例中的要求，目前企业需要将该物流成本分摊给五个客户，以分别核算五个客户的物流成本。利用作业成本法可以有效地解决该问题。

南方物流公司实施作业成本法的步骤如下。

1) 确定成本核算对象及物流作业

为了对该公司五个客户的成本进行单独核算，这里选择五个销售公司的客户 A、B、C、D 和 E 作为成本核算的对象。

根据该公司作业流程的分析，先将公司的业务过程分为接货入库、储存、冷库储存、分拣配货、配送和行政管理六个作业。接货入库作业以入库货物的托盘数作为成本动因。储存作业以各客户占用的仓储面积作为成本动因。冷库储存作业只为 A 客户的进口药品服务，因此直接计入 A 客户的成本，不需要进行成本分摊。分拣配货作业以各客户需要分拣的销售订单数量作为成本动因。选择配送作业的成本动因时，最合适的成本动因可以是配送的吨千米数，但是由于五个客户的配送地点都是省内各大中医院，物流公司对五个客户实行共同配送，因此要单独计量每个客户的配送吨千米数有很大的困难，这里简化选择需要配送的销售订单数(或者配送的次数)作为配送作业的成本动因。这样，分拣配货作业与配送作业都选择客户的销售订单数量作为成本动因，从而可以将这两个作业合并为分拣配送作业成本库。行政管理作业包括财务、行政办公室等职能管理部门的业务活动，一般认为订单数量越多，行政管理的业务就越复杂，因此选择各客户的入库订单和销售订单的总数作为行政管理作业的成本动因。从而可以得到该公司作业的划分及成本动因的选择结果，如表 1-3 所示。

表 1-3　作业成本的确定与成本动因的选择

序号	作　　业	成 本 项 目	作业成本额(元)	可能的成本动因
1	接货入库作业	进货人员成本、叉车设备折旧	582 311.45	进货托盘数
2	储存作业	仓库管理员成本、储存仓库的折旧费用、维护费用、财产税、杂项费用	1 544 339.34	所占仓储空间(平方米)
3	冷库储存作业	冷库人员公司、库房折旧、电费等	345 628.29	直接计入 A 客户成本
4	分拣配送作业	拣货和配送人员成本、车辆调配、油料、车辆维修折旧等	1 023 768.36	销售订单数量
5	行政管理作业	人员成本、文具用品费用、计算机设备、通信费用、教育培训费用	617 236.37	进货订单和销售订单合计数量
合计			4 113 283.81	

2)将企业发生的各项资源费用计入作业，并计算成本动因分配率

将各项资源费用计入作业的方法有两种：一种是会计人员在各项费用发生时，直接将费用计入各项作业；另一种是会计人员在资源费用发生时，仍然将费用计入管理费用或者经营费用，到月末或者年末，再将各项资源费用的汇总数按照资源动因分配到各个作业中。在本案例中，要将总物流成本 4 113 283.81 元分摊到五个客户的成本对象中，首先要将其分摊计入各项作业。分摊结果如表 1-3 所示。

对五个客户 5 项作业的成本动因进行统计，并计算各项作业的成本动因分配率。统计与计算结果如表 1-4 所示。

表 1-4 各客户在各项作业上的成本动因发生额及成本动因分配率计算

客　户	进货入库	储　存	冷库储存	分拣配送	行政管理
成本动因	进货托盘数	所占仓储空间	直接计入	销售订单数	订单合计数
客户 A	3876	850		8865	9665
客户 B	8387	3200		7682	8676
客户 C	22 865	7800		12 464	15 784
客户 D	5287	1700		6598	7863
客户 E	8548	4450		6520	8065
成本动因合计	48 963	18 000		42 129	50 053
作业成本	582 311.45	1 544 339.3	345 628.29	1 023 768.36	617 236.37
成本动因分配率	11.8929	85.7966		24.3008	12.3317

3)计算分摊到每个客户的成本

根据每个作业的成本动因分配率，将作业成本分摊到 5 个客户，并计算每个客户的物流成本总额，如表 1-5 所示。

表 1-5 以客户为成本核算对象的物流成本计算

单位：元

客　户	进货入库	储　存	冷库储存	分拣配送	行政管理	成本合计
客户 A	46 096.83	72 927.14	345 628.29	215 426.58	119 185.45	799 264.29
客户 B	99 745.65	274 549.22		186 678.74	106 989.45	667 963.05
客户 C	271 930.87	669 213.71		302 885.16	194 642.86	143 8672.60
客户 D	62 877.70	145 854.27		160 336.67	96 963.81	466 032.45
客户 E	101 660.40	381 795.00		158 441.21	99 454.80	741 351.42
作业成本	582 311.45	154 4339.34	345 628.29	102 3768.36	617 236.37	4 113 283.81

4)依据物流作业成本计算结果，确定对每个客户的物流服务定价

依据每个客户物流成本的计算结果，可以采用成本加成的方法进行定价决策，如表 1-6 所示。

表 1-6 中，货物周转额为一年内每个客户在物流公司的货物周转量，按照原来的收费标准 0.5%计算，得到原来企业对每个客户的收费，企业的总收入为表 1-2 中该企业的营业收入 4 343 871.40 元。

表 1-6　基于作业成本计算的物流企业定价

客户	货物周转额（元）	原收费标准	原来的企业收入（元）	客户作业成本（元）	成本加成定价后的收入（元）	按作业成本法的价格标准
客户 A	285 678 320	0.50%	1 428 391.6	799 264.29	895 176.0093	0.31%
客户 B	187 653 980	0.50%	938 269.9	667 963.05	748 118.6128	0.40%
客户 C	165 642 870	0.50%	82 8214.35	1 438 672.60	1 611 313.313	0.97%
客户 D	87 542 980	0.50%	437 714.9	466 032.45	521 956.3425	0.60%
客户 E	142 256 130	0.50%	711 280.65	741 351.42	830 313.5898	0.58%
合计	868 774 280	0.50%	4 343 871.4	4 113 283.81	4 606 877.867	

根据作业成本法计算出每个客户的作业成本之后，可以按照成本加成定价法对每个客户进行单独定价。这里的成本加成比例定为12%，即物流服务收费（收入）=客户的作业成本计算结果×（1+12%）。这 12%的成本加成中，扣除营业收入的 5.5%左右的相关税金之后，再扣除财务费用，才是物流企业的利润。用成本加成法确定的收入除以货物周转额，就可以得到按照作业成本法确定的对每个客户的收费标准。

从表 1-2 中可以看到，按照作业成本法计算后，客户 A 的收费标准可以确定为货物周转额的 0.31%，比统一定价时的 0.5%有了很大程度的降低。主要原因是：客户 A 销售的药品以进口药品为主，体积小而价值高，尽管需要冷库单独储存，但是作业成本计算结果显示原来的 0.5%的收费标准依然偏高。而客户 C 则以经营中成药为主，相对来说货物体积大而价值低，装卸搬运工作量大，储存空间占用多，因此应当适当提高收费标准。

1.2.4　案例小结

在本案例中，基于作业成本法的物流成本核算，至少可以有两个用途：第一，通过作业成本核算，使得每个客户的成本分摊结果更加准确清晰，有利于企业做出定价决策和其他相关决策；第二，通过作业成本核算，可以得到每个作业的物流成本信息，为企业加强每个作业的成本管理与控制提供有效的信息，管理者可以在每项作业的成本计算结果基础上，开展物流作业过程的成本控制。

作业成本法可以使物流成本管理精细到每个物流作业的层面。

1.3　南方物流公司的成本性态分析

1.3.1　案例背景

1．案例资料

这里仍然沿用表 1-2 中的数据。从表 1-2 中看到，南方物流公司今年第一季度的营业收入为 434.39 万元，营业费用为 294.67 万元，管理费用为 116.66 万元。基于前几年的经营情况，公司预计第二季度的营业收入可以达到550万元，预计比第一季度增长 26.61%。

4 月初，公司财务经理要编制第二季度的管理费用和营业费用预算计划。考虑到第二季度营业收入预计增长 26.61%，财务经理据此确定的管理费用和营业费用的预算均比第一季度增加 26.61%，因此管理费用的预算为：

$$116.66\times(1+26.61\%)=147.70(万元)$$

营业费用的预算为：

$$294.67\times(1+26.61\%)=373.08(万元)$$

而到了二季度末，公司实际完成了营业收入 500 万元，实际发生管理费用 132 万元，实际发生营业费用 340 万元。

2. 案例思考

(1)财务经理按照营业收入增长的幅度来制定管理费用和营业费用的计划是否合理？如果不合理，你觉得应该如何改善？

(2)你认为公司第二季度的营业费用和管理费用的控制情况怎么样？

1.3.2 案例提示

(1)成本的发生额和业务量之间呈正比例关系吗？业务量增长 10%或 20%，各项费用的预期发生额也应该同样增长 10%或者 20%吗？答案是否定的。因为在管理费用和营业费用项目中，一部分是随着业务量的增长而同比例增长的，如物流成本中外包的运输费、货物的保险费等；而另一部分费用项目，随着业务量的增长却不发生变化，如固定资产的折旧、管理人员的工资等。由于固定成本的存在，使在一定业务范围之内，成本费用的增长幅度要小于业务量的增长幅度。

(2)本案例中涉及的是管理费用和营业费用的问题。其实每个成本对象的成本都存在同样的变动成本和固定成本，因而，除了直接材料、直接人工这样的直接成本项目，针对各个成本核算对象，都可以深层次地进行固定成本和变动成本的分析，以更好地开展成本管理和成本控制。

1.3.3 案例分析

1. 知识点

企业为了规划与控制企业的经济活动，必须首先将全部成本按其性态划分为固定成本和变动成本两大类。因此，要采用不同的方法将混合成本最终分解为固定成本和变动成本两部分，再分别纳入固定成本和变动成本两大类中，这被称为混合成本的分解(Segregation of Mixed Cost)。对混合成本进行分解后，可以将整个运营成本分为固定成本与变动成本两个部分，在此基础上进行物流成本的分析与管理。事实上，在物流系统的运营过程中，混合成本所占的比例是比较大的。因此，混合成本的分解对于有效的成本性态分析起着非常重要的作用。

常见的用于分解混合成本的方法有两大类：一类是侧重于定性分析的方法，如账户分析法、合同确认法、技术测定法等；另一类是历史成本分析法，常用的此类方法有高低点法、散布图法和回归直线法。

1) 定性分析方法

账户分析法亦称会计分析法。它是根据各个成本项目及明细项目的账户性质，通过经验判断，把那些与变动成本较为接近的划入变动成本，把那些与固定成本较为接近的划入固定成本。至于不宜简单地划入变动成本或固定成本的项目，则可通过一定比例将它们分解为变动成本和固定成本两部分。账户分析法的优点是简单明了，分析的结果能清楚地反映出具体成本项目，实用价值较高；账户分析法的缺点是分析的工作量大，成本性态的确定较粗。其实，这个方法是最常用的混合成本分解方法。

合同确认法是根据企业与供应单位所订立的合同(或契约)中关于支付费用的具体规定来确认费用性态的方法。

技术测定法是根据生产过程中消耗量的技术测定和计算来划分成本的变动部分和固定部分的混合成本分解方法。

2) 历史成本分析法

历史成本分析法是根据混合成本在过去一定期间内的成本与业务量的历史数据，采用适当的数学方法加以分解，来确定其中固定成本总额和单位变动成本的平均值。

高低点法亦称两点法，是根据企业一定期间历史数据中的最高业务量(高点)和最低业务量(低点)之差以及它们所对应的混合成本之差，计算出单位变动成本，进而将混合成本最终分解为固定成本和变动成本的方法。高低点法的计算公式为：

$$\text{单位变动成本}=\frac{\text{最高业务量的成本}-\text{最低业务量的成本}}{\text{最高业务量}-\text{最低业务量}}$$

$$\begin{aligned}\text{固定成本}&=\text{最高业务量的成本}-\text{最高业务量}\times\text{单位变动成本}\\&=\text{最低业务量的成本}-\text{最低业务量}\times\text{单位变动成本}\end{aligned}$$

散布图法亦称布点图法、目测画线法，是指将若干期业务量和成本的历史数据标注在业务量和成本构成的坐标图上，形成若干个散布点，然后根据目测画一条尽可能接近所有坐标点的直线，并据此推测固定成本和变动成本的一种方法。

回归直线法亦称最小平方法，是根据最小平方法原理，从大量历史数据中计算出最能反映出成本变动趋势的回归直线方程，并以此作为成本模型的一种成本性态分析方法。

由于混合成本包含变动成本和固定成本两种，因此它的数学模型同总成本的数学模型类似，也可用直线方程式 $y=a+bx$ 来表示。其中 a 为混合成本中的固定成本部分，b 为混合成本中的单位变动成本，x 表示业务量，y 表示成本总额。混合成本的分解，就是要将混合成本分解成这个公式，然后将这里的 a 并入固定成本，这里的 b 并入单位变动成本。根据以上的分析，全部成本依其性态可分为固定成本、变动成本和混合成本三大类，其中混合成本又可分解为固定部分和变动部分，因此，企业的总成本公式可以写成：

$$\text{总成本}=\text{固定成本总额}+\text{变动成本总额}=\text{固定成本总额}+(\text{单位变动成本}\times\text{业务量})$$

用 y 表示总成本，a 表示固定成本总额，b 表示单位变动成本，x 表示业务量，则上述总成本公式可写成：

$$y=a+bx$$

2. 本案例分析

(1)现在考虑案例中的问题，制订的营业费用和管理费用计划合理吗？答案应该是不合理的。如果不考虑其他因素的影响，计划的费用额应该低于目前做的计划。至于第二个问题，费用的控制情况怎么样，一下子是没有办法回答的，只有对管理费用和营业费用中变动成本和固定成本进行深入分析之后，才能知道答案。我们把成本中变动成本和固定成本的分析称为成本性态分析。也就是说，在我们开展成本性态分析之前，我们并不能确定营业收入 550 万元时合理的管理费用和营业费用计划应该是多少，从而无法确定费用控制情况的好坏。

(2)这里以管理费用为例进行混合成本的分解。采用账户分析法，分析管理费用中每个费用项目的成本性态。从表 1-2 中可以看到，南方物流公司第一季度的管理费用总额是 1 166 577.28 元，管理费用共分成 14 个费用项目，分别是员工待业保险费、业务活动费、工会经费、劳动保险费、员工教育经费、租赁费、折旧费、修理费、房产税、土地税、印花税、车船税、低值易耗品和其他费用，每个费用项目的发生额如表 1-7 所示。

表 1-7　管理费用及其构成

费 用 项 目	费用发生额(元)
(1)员工待业保险费	35 355.12
(2)业务活动费	9584.90
(3)工会经费	5868.00
(4)劳动保险费	13 445.80
(5)员工教育经费	550.00
(6)租赁费	15 261.20
(7)折旧费	273 538.41
(8)修理费	73 770.60
(9)房产税	25 000.00
(10)土地税	85 099.65
(11)印花税	199 954.70
(12)车船税	1450.00
(13)低值易耗品	86 037.70
(14)其他费用	341 615.90
管理费用总额	**1 166 577.28**

按照账户分析法，我们认为，在这些费用项目中，一部分属于固定成本，另一部分属于变动成本。

属于固定成本项目的包括：员工待业保险费、工会经费、劳动保险费、员工教育经费、折旧费、房产税、土地税、印花税、车船税。

属于变动成本项目的包括：业务活动费、租赁费、修理费、低值易耗品和其他费用。

基于这样的分析，第一季度的管理费用 1 166 577.28 元中，属于固定成本的部分为：

$$35\,355.12+5868.00+13\,445.80+550.00+273\,538.41+25\,000.00$$
$$+85\,099.65+199\,954.70+1450.00=440\,352.28\text{（元）}$$

属于变动成本的部分为：

$$9584.90+15\,261.20+73\,770.60+86\,037.70+341\,615.90=526\,270.3\text{（元）}$$

从而可以计算出管理费用中单位营业收入的变动成本率：

$$\text{管理费用的变动成本率}=\text{管理费用中的变动成本}/\text{营业收入}$$
$$=526\,270.3/4\,343\,871.40=0.121\,15$$

从而，就可以得到营业收入变动时管理费用预算的计算公式：

$$y=a+bx=440\,352.28+0.121\,15x$$

其中，x 为营业收入预测值，y 是管理费用预算。

下面以管理费用为例来回答本案例的两个问题：

（1）财务经理按照营业收入增长的幅度来制订管理费用的计划是不合理的。合理的做法是利用公式 $y=a+bx=440\,352.28+0.121\,15x$ 进行弹性预算。如果第二季度的营业收入预计为 550 万元，则管理费用的预算应该为 $y=440\,352.28+0.121\,15\times5\,500\,000=1\,106\,677.28$（元）。

（2）由于实际营业收入只达到了 500 万元，则按照该公式，管理费用的预算额应该为 1 046 102.28 元。财务经理所做的预算和管理费用的实际发生额都超出了应该发生的水平。

请您根据上述分析思路对营业费用的预算进行同样的分析。

1.3.4　案例小结

成本性态的分析对成本的管理是非常重要的，包括计划预算的制定、成本控制绩效的考核等。研究成本与业务量的依存关系，进行成本性态分析，可以从定性和定量两方面掌握成本与业务量之间的变动规律，这不仅有利于事先控制成本和挖掘降低成本的潜力，而且有助于进行科学的预测、规划、决策和控制。

基于成本性态分析，可以进行弹性预算管理。弹性预算特别适用于各类间接费用的预算。

第 2 章

钢铁联合企业的生产成本管控

2.1 基于作业成本法的生产成本计算

2.1.1 案例背景

1. 资料一：市场竞争和生产经营决策依赖财务部门核算的成本信息吗

2017 年 7 月 31 日，《人民日报》刊发“去产能别纠结”一文。以下为文章部分段落：“去产能，难；不去产能，会更难。供给侧结构性改革不是应对经济下行压力的权宜之策，而是推动中国经济转型升级的长远大计。只要是落后产能、“僵尸企业”，早晚要去，早一步就会抢得先机、赢得主动……过去几年，钢铁煤炭价格下跌时，越产越亏，去产能也算齐心协力；现在价格涨了，去产能就意味着割舍利润，这时候去产能还合理吗？应当看到，短期内钢煤价格上涨、企业利润回升，恰恰是去产能带来的积极成果。供给侧结构性改革迈入深化之年，位列“五大任务”之首的去产能一直进展顺利，截至 6 月底，‘地条钢’按计划全部出清，煤炭去产能完成年度目标任务的 74%。与此相对应的是，前 6 个月工业企业效益大幅改善，煤炭、钢铁、有色等上年同期亏损行业持续盈利。要实现更好发展，切不可贪图一时小利，错过了经济转型升级的最佳时机……要以市场化、法治化手段助力去产能，严格执行环保、能耗、质量、安全标准，提高落后产能的生产环保成本，鼓励有条件的企业实施兼并重组，大力发展绿色信贷，用市场无形之手，让僵尸企业难以为继、让落后产能无利可图，最终实现新旧动能有序接替。”

可以看到，对于钢铁企业来说，经历了几年的市场低迷和全行业大面积亏损之后，市场行情逐渐回暖，在这样的形势下，落后产能的淘汰肯定会将继续，而企业间的竞争也将面临更大的考验。在激烈的行业竞争中，对于资本密集型的钢铁行业来说，成本管理的好坏将是竞争成败的关键所在。而在当前多数国有钢铁企业中，由于企业时间长、规模大、管理变革缓慢，在与成本相关的生产经营决策中，一直存在一些类似的令财务人员困惑的现象。

(1) 市场低迷时，销售利润明细表中一些边际利润很低的或者亏损的产品，竞争对手的价格却出乎意料地一降再降，难道他们的成本真的比我们低许多？而有一些我们认为利润很高的产品，其他厂家却不与我们竞争，难道是他们没有看到其中的利润？

(2) 我们的销售定价更多的是靠市场反馈和销售人员的经验，而不是依据成本报告主动决策，我们几乎从没有根据自己产品的成本情况和成本潜能状况来主动进行涨价降价的决策，只能追随市场，彼涨我升，彼落我降，决策总是滞后，营销的主动权掌握在别人手里，失去了许多扩大利润、占领市场的先机。我们为什么不能信赖自己的成本报告，确定精确的定价底线，先行决策占领市场？

(3) 在决定生产组合时，为什么生产管理人员以及公司高层宁愿舍弃规范、系统的财会报告而更倾向于参考统计数据？为什么他们不信赖规范的成本报告？

(4) 众所周知，企业的发展是要靠盈利来保证的，单纯地靠扩大产量是不行的，可为什么各二级生产厂还是更愿意多生产工艺简单、日产量高的产品，对市场需求旺盛的工艺难度较大、日产量较低的产品却始终提不起兴趣？是不是我们的考核评价导向存在问题？

实际上，所有这些困惑都是暗示着现有的成本资料不可靠。显然，错误的财务成本信息会严重影响管理者的决策，这是因为：第一，由于高估了某些产品的成本，在需要降低售价提高该产品市场占有率的情况下，企业不敢降价，因此会降低产品市场竞争力，失去扩大该产品市场的机会，从而影响企业当期和未来的收益；第二，由于低估了某些产品的毛利，高估了另一些产品的毛利，在企业有限的生产资源需要选择投入方向的情况下，很可能做出放弃实际毛利率较高的产品，而增加生产实际毛利率较低(甚至亏损)产品的错误决策，其结果有可能导致企业遭受双重损失、总体获利水平下降；第三，由于许多成本项目的发生不与工时、产量相关，以此数据或以其为基础计算出的利润在确定考核指标时，很容易被人为操纵，使得绩效考评失去应有的激励意义。

2. 资料二：某无缝钢管厂的成本信息

表 2-1 列示了某无缝钢管厂 201×年 1 ~ 3 月各项资源耗费(包括直接资源费用和间接资源费用)。

表 2-1　某无缝钢管厂各项资源费用发生额

序号	资源费用项目	资源动因发生额(元)
1	直接材料(管坯)	927 026 978.26
2	辅助材料	98 354 876.45
3	能源动力费	42 545 613.47
	电	12 645 068.80
	管道氧气	476 931.50
	压缩空气	1 981 416.00
	高炉煤气	875 945.40
	焦炉煤气	20 010 678.00
	净水	1 965 942.60
	净环水	1 357 963.67
	蒸汽	2 412 247.50
	软水	253 548.00
	生活水	565 872.00

续表

序号	资源费用项目	资源动因发生额(元)
4	职工薪酬	20 160 886.12
5	折旧费	65 724 453.02
	厂房折旧	3 696 288.40
	设备折旧	62 028 164.62
6	维修费	60 226 786.05
	备品备件	40 351 946.65
	外委施工费	19 874 839.40
7	差旅办公费	885 246.45
8	劳务费	289 083.00
9	铁路运费	10 468 456.06
10	计量检验费	916 958.00
无缝钢管厂 1～3 月资源费用合计		1 226 599 336.88

无缝钢管厂在 201×年 1～3 月期间生产的产品，可分为 242、265、296、310、351、380、423、430 八个系列，每个系列又都有数种规格，各规格按照不同的壁厚分为薄壁、中壁和厚壁三类。按品种可以分为普通管、石油套管料、液压支架管和协议管。

按照传统的成本核算方法，直接材料（管坯）在领用时直接计入各成本核算对象（各种不同规格的产品），而所有的辅助材料、能源动力费等其他各项间接费用，归集之后在月底前一次性按照单一分配基础（这里是直接材料金额）分配到各个产品中。

3. 案例思考

(1) 考虑到各个产品消耗每项间接费用时，并不一定与直接费用的多少相关，所以，按照直接材料金额为基础进行各项间接费用的分配合理吗？

(2) 按照这样的间接费用分配方法计算出来的产品成本是否能够反映真实的成本水平？销售人员能否按照这样计算出来的成本进行定价决策？

(3) 如果不能，那这样的成本信息确实在管理决策中不能得到很好的应用。那么，如何能够改善成本信息的准确性？

2.1.2 案例提示

1. 传统生产成本核算方法的弊端

作为企业会计信息的外部使用者（如股东、银行、政府、税务等）主要关心企业整体的财务状况，如偿债能力、营运能力、盈利能力等，他们要求这些对外报送的信息谨慎可靠。至于企业内部细致到各种规格的产品的盈利能力、成本信息，外部使用者一般并不关心，因此现行的会计制度采取了简化核算——将企业发生的间接成本（包括辅助生产成本、制造费用和期间费用）中与生产直接相关的辅助生产成本、制造费用以单一的数量基础（如直接人工、原材料消耗量或产品产量等）进行简单分摊，将与生产不直接相关的营业费用、销售费用直接计人损益，不计入产品成本。传统的成本计算方法大大简化了企业的会计核算。

传统成本计算表面上看起来风平浪静，实际上却处处隐藏暗礁。对于间接成本比重不大的企业来说，将其按单一分配标准分配所造成的成本失真，或许并未超出标准所允许的范围。但是，制造环境的显著变化对传统会计信息的管理决策支持作用产生了不小的冲击。70 年前的间接费用仅为直接人工成本的 50% ~ 60%，而今天大多数公司的间接费用为直接人工成本的 400% ~ 500%，以往直接人工成本占产品成本的 40% ~ 50%，而如今不到 10%，甚至只有 3% ~ 5%。再按照传统的分配标准，其结果必然导致成本的严重扭曲。传统方法的简单分摊实质上仅仅注重存货的总体估价，相对它并不要求十分精确，这样简单广泛的平均分摊的方法固然可以简化企业的会计核算，但在资本密集和技术密集的企业，间接成本往往是直接材料、直接人工的数倍乃至十数倍，能否合理地分配间接成本将直接影响产品成本计量的准确。以这种单一的分配标准分摊间接费用，往往会把过多的间接成本分配给高产量、低复杂度、大批量的产品，而把过少的成本费用分配给低产量、高复杂度、小批量的产品，使得企业的各种产品成本信息失真。扭曲的产品成本信息通常会导致企业经营决策失败。这种费用分配方法，模糊了费用发生的动因，不利于成本分析与控制，使“成本会计的第一目标是成本管理”成为一句空话。显然，传统的成本计算系统已经无法适应竞争日益激烈的市场环境，无法满足先进制造企业的需要，以这样的成本信息为基础提供数据的用途是有限的，甚至有碍于管理人员的决策，而企业往往是下了很大功夫进行成本控制，却把劲儿使错了方向。

2. 作业成本法的应用

前面南方物流公司的案例介绍了作业成本法在服务行业的应用。实际上，作业成本法不仅可以在高科技行业和服务行业应用，在传统制造行业，也可以运用作业成本法来计算产品的生产成本，使得成本计算更加准确。

从理论上讲，运用作业成本法核算的产品成本可以是指完全吸收成本，其核算内容不仅包括直接材料、直接人工和制造费用等制造成本，而且包括与生产制造过程没有直接联系的费用和支出，如设计费用、厂部管理费用、财务费用、销售费用等期间费用。但在实际操作中，由于成本动因的缺乏或者实际情况过于复杂，同时考虑到费用与产品的相关性问题，因此在本案例研究中，仍然以传统成本计算法下的制造成本作为作业成本计算的核算内容。至于设计费用、实验费用、管理费用、财务费用可追溯销售费用等应该在实际推行过程中进一步纳入作业成本法的核算范围之内。

2.1.3 案例分析

关于作业成本法实施原理的相关知识点，在南方物流公司案例中已经介绍，这里不再重复。下面介绍本案例中在制造企业实施作业成本法的过程。

1. 分析钢管厂作业流程，确定作业中心及其成本动因

经过详尽的分析，结合钢管厂的生产工艺特点和现场调查，从钢管厂作业中划分出七种主要作业，建立作业中心，即备料中心、热轧中心、精整中心、质检中心、成品包装中心、维检中心、管理协调中心，如表 2-2 所示。

同时考虑到钢管厂的实际管理现状以及成本动因选择的原则，这里对七个作业中心都选择了适当的成本动因，如表 2-2 所示。有些作业成本动因是会计资料中现有的，而有些作业成本动因需要在日常工作中进行计量。各项作业可能耗用的资源通过有系统的记录方法，可以清楚地了解到各项作业的成本。找出各项作业成本的成本动因，可以将作业成本客观地分摊至成本对象。

表 2-2　钢管厂作业中心划分及成本动因选择

序号	作 业 中 心	主要作业描述	成 本 动 因
1	备料中心	管坯折断和环形炉加热	管坯装炉支数
2	热轧中心	轧管、均整、步进炉加热、定径	实际轧制小时数
3	精整中心	钢管切头、矫直、自然冷却	钢管支数
4	质检中心	质量检验	检验支数
5	成品包装中心	成品打包、吊装、填制材质证明单	包装支数
6	维检中心	设备维修检修支持性作业	按产量
7	管理协调中心	生产计划调度、维检计划调度、分厂管理	生产调整批次

2. 确定需要分配的资源费用及其资源动因

在定义了各个作业中心及其作业动因之后，就需要衡量各个作业中心消耗的资源费用。将钢管厂内发生的各项资源费用分配至各个作业中心，形成每个作业成本库。可以把钢管厂发生的资源费用分成直接资源费用和间接资源费用两个部分，直接资源费用主要是指直接材料成本，对于钢管厂来说，该项直接资源费用可以按照管坯投入量与确定的内部结算单价，直接追溯至每项产品，直接计入产品成本。而其他资源费用则通过资源动因先分配计入作业成本库，然后再分配给各项产品。

除直接材料(管坯)费用外，需要归集到各个作业中心，形成作业成本库的间接资源费用包括辅助材料、能源动力费(电、蒸汽、软水、管道氧气、压缩空气、高炉煤气、焦炉煤气、生活水、净水、净环水)、职工薪酬(包括工资、职工福利费)、折旧费(厂房折旧和设备折旧)、维修费、差旅办公费、劳务费、铁路运费、计量检验费等。这些需要分配到各个作业中心的间接资源费用来自钢管厂成本费用明细表和厂内统计数据，这些费用根据其不同的性质，按照不同的资源动因分配到各个作业中心池。表 2-3 确定了每项间接资源费用分配时的资源动因选择。

在收集资源费用分配的数据时，有的数据是直接获取的，如钢管厂的制造费用明细表、固定资产明细表、车间各项费用账簿等提供的数据；有的数据是经过加工处理的，如辅助生产费用、水费、厂房折旧等在各个作业中心的分配比例等。由于缺乏原始的统

计数据，还有一些数据是根据公司生产技术人员提供的资料和车间里的实地观察做出的近乎合理的估计。这一步骤的工作虽然非常烦琐，但是必不可少，且非常重要。每项费用都要经过仔细分析，小心地归集到各个作业，有时往往要反复几次才能最后确定。

表 2-3 间接资源费用分配时的资源动因选择

序号	资源费用项目	用途描述	资源动因选择
1	辅助材料	生产消耗、管理消耗	按各个作业中心的领用记录归集
2	能源动力费		
	电	生产和管理消耗	按定额耗用量分配
	管道氧气	管坯切割、维修检修	按定额耗用量分配
	压缩空气	精整中心风动设备	直接至精整成本库
	高炉煤气	环形炉、步进炉加热	按定额耗用量分配
	焦炉煤气	环形炉、步进炉加热	按定额耗用量分配
	净水	冷却轧管机	直接至热轧成本库
	净环水	管坯折断、冷却切管机	按定额耗用量分配
	蒸汽、软水和生活水	取暖、洗澡	归集至管理协调成本库
3	职工薪酬	工资福利费等	按工资发放记录分配
4	折旧费	厂房和设备折旧	厂房按作业占用空间面积、设备按受益原则分配
5	维修费	修理中领用备件和施工费	备品备件按实际领用记录归集，施工费直接归集至维检成本库
6	差旅办公费	车间管理人员差旅费用办公费用	归集至管理协调成本库
7	劳务费	对外用工，主要是备料中心和成品包装中心	按发生记录直接归集至受益部门
8	铁路运费	原料入库及废钢回收的铁路运输费用	按照数量动因归集至产品成本
9	计量检验费	质检中心费用	归集至质量检验成本库

表 2-1 中的各项资源费用消耗，需要依据表 2-3 中的资源动因，分配到各项作业中心中。

3. 将资源费用按成本动因分配到作业成本库

1）辅助材料的分配

无缝钢管厂有比较完备的辅助材料领用记录，辅助材料的消耗可以按照现有记录，经整理，按划分后的各作业中心的实际领用记录确定，辅助材料消耗如表 2-4 所示。

表 2-4 钢管厂辅助材料消耗分配表

单位：元

序号	作业中心	辅助材料消耗分配额
1	备料中心	15 736 780.23
2	热轧中心	16 523 619.24

续表

序号	作 业 中 心	辅助材料消耗分配额
3	精整中心	19 179 200.91
4	质检中心	4 721 034.07
5	成品包装中心	18 589 071.65
6	维检中心	18 687 426.53
7	管理协调中心	4 917 743.82
小计		98 354 876.45

2) 能源动力费的分配

能源动力费用包括电费、管道氧气、压缩空气、高炉煤气、焦炉煤气、净水、净环水、蒸汽、软水和生活水，在费用分配时都有各自不同的资源动因。按照各自资源动因将各项能源动力费用分摊到各个作业成本库，分配结果如表 2-5 和表 2-6 所示。

表 2-5　钢管厂辅助材料消耗分配表一

单位：元

序号	作业中心	电	管 道 氧 气	压 缩 空 气	高 炉 煤 气	小 计
1	备料中心	1 138 056.19	391 083.83		658 710.94	2 187 850.96
2	热轧中心	6 954 787.84				6 954 787.84
3	精整中心	1 618 568.81		1 981 416.00	217 234.46	3 817 219.27
4	质检中心	278 191.51				278 191.51
5	成品中心	1 011 605.50				1 011 605.50
6	维检中心	885 154.82	85 847.67			971 002.49
7	管理中心	758 704.13				758 704.13
小计			12 645 068.80	476 931.50	1 981 416.00	875 945.40

表 2-6　钢管厂辅助材料消耗分配表二

单位：元

序号	作业中心	焦炉煤气	净水	净环水	蒸汽、软水和生活水	小计
1	备料中心	16 448 777.32		1 233 031.01		17 681 808.33
2	热轧中心		1 965 942.60			1 965 942.60
3	精整中心	3 561 900.68		124 932.66		3 686 833.34
4	质检中心					0.00
5	成品中心					0.00
6	维检中心					0.00
7	管理中心				3 231 667.50	3 231 667.50
小计			20 010 678.00	1 965 942.60	1 357 963.67	3 231 667.50

3) 工资薪酬的分配

工资薪酬按照应付工资的实际记录分配至各作业成本库，如表 2-7 所示。

表 2-7　工资薪酬费用的分配

序号	作业中心	职工人数(名)	工资薪酬分配额(元)
1	备料中心	168	2 217 697.47
2	热轧中心	186	2 499 949.88
3	精整中心	252	3 887 018.84
4	质检中心	86	1 249 974.94
5	成品包装中心	189	2 181 407.88
6	维检中心	452	4 411 201.88
7	管理协调中心	299	3 713 635.22
小计		1632	20 160 886.12

4)折旧费用的分配

折旧费用的分配分成两个部分，一部分是建筑物的折旧，另一部分是机器设备的折旧。

(1)房屋建筑物的折旧费用分配。

房屋建筑物折旧费用又包括两个部分，即公用建筑物和独立使用的建筑物的折旧费用。公用的房屋建筑物的折旧可以按照占用面积分配，在相关作业中心成本库归集。独立使用的房屋建筑物的折旧，按所在位置与受益部门直接追溯至作业中心，无法确认使用部门和厂部机关使用的房屋建筑物在管理协调成本库归集。房屋建筑物折旧费用的分摊结果如表 2-8 所示。

表 2-8　房屋建筑物折旧费用的分摊

序号	作业中心	公用建筑物折旧分摊		独立使用建筑物折旧额(元)	小计(元)
		分摊比例	分摊金额(元)		
1	备料中心	18%	481 700.30	327 476.37	809 176.67
2	热轧中心	28%	749 311.58	190 772.84	940 084.42
3	精整中心	20%	535 222.56	99 977.21	635 199.77
4	质检中心			39 786.85	39 786.85
5	成品包装中心	34%	909 878.35	42 847.38	952 725.73
6	维检中心			218 827.67	218 827.67
7	管理协调中心			100 487.30	100 487.30
小计		100%		2 676 112.80	1 020 175.60

(2)设备折旧费用的分配。

借助钢管厂内分析比较完备的固定资产卡片上记录的设备的实际使用和位置所在，可以明确该项设备的归属，从而折旧费用直接归入作业中心，无法确定归属的计入管理协调成本库。设备折旧费用分配及折旧费用分配汇总如表 2-9 所示。

表 2-9　钢管厂设备折旧分配及折旧费用分配汇总

单位：元

序号	作业中心	设备折旧分配额	房屋建筑物与设备折旧合计分摊额
1	备料中心	9 614 365.52	10 423 542.19
2	热轧中心	39 387 884.53	40 327 968.96
3	精整中心	9 850 072.54	10 485 272.31
4	质检中心	1 116 506.96	1 156 293.81
5	成品包装中心	1 135 115.41	2 087 841.14
6	维检中心	886 382.47	1 105 210.14
7	管理协调中心	37 837.18	138 324.48
小计		62 028 164.62	65 724 453.02

5) 劳务费用的分摊

劳务费用的受益部门主要是备料中心、成品包装中心。因此，可以结合财务账簿记录，按照实际受益部门分配。1 ~ 3 月内发生劳务费用总计 289 083.00 元，其中备料中心分配 198 498.84 元，成品包装中心分配 90 584.16 元。

6) 需要分配的各项直接资源费用和各项作业成本统计

表 2-10 为钢管厂需要分配给各个产品的作业成本及直接资源费用。

表 2-10　需要分配的作业成本与直接资源费用

单位：元

成本库	辅助材料	能源动力	工资薪酬	折旧费用	劳务费	直接计入	小　计
备料中心	15 736 780.23	19 869 659.29	2 217 697.47	10 423 542.19	198 498.84		48 446 178.03
热轧中心	16 523 619.24	8 920 730.44	2 499 949.88	40 327 968.96	0.00		68 272 268.52
精整中心	19 179 200.91	7 504 052.61	3 887 018.84	10 485 272.31	0.00		41 055 544.67
质检中心	4 721 034.07	278 191.51	1 249 974.94	1 156 293.81	0.00	916 958.00	8 322 452.33
成品中心	18 589 071.65	1 011 605.50	2 181 407.88	2 087 841.14	90 584.16		23 960 510.33
维检中心	18 687 426.53	971 002.49	4 411 201.88	1 105 210.14	0.00	60 226 786.05	85 401 627.08
管理中心	4 917 743.82	3 990 371.63	3 713 635.22	138 324.48	0.00	885 246.45	13 645 321.60
直接材料						927 026 978.26	927 026 978.26
铁路运费						10 468 456.06	10 468 456.06
小计	98 354 876.45	42 545 613.47	20 160 886.12	65 724 453.02	289 083.00	999 564 424.82	1 226 639 336.88

4. 计算产品成本和单位成本

1) 作业成本动因的统计

接下来的工作是，需要把表 2-10 中的各项成本库和直接资源费用按照作业成本动因分摊到各个作业中。因此需要统计各个作业成本动因的数量。

在调查研究过程中发现，钢管厂有着比较先进的工业自动化控制网络，历年来自动化系统将原始数据自动记录在数据库中，数据库中有比较完整的原始数据资料，只是统计人员并没有将这些数据资料定期整理成正式报告，这些资料长期没有得到比较充分的利用。经过分析发现，本项研究所需要的成本动因数据基本可以从现有的数据资料中整理获得，这给本文的研究提供了极大的便利。也可以看到，如果以后在全公司范围推广实施作业成本法时，也具备一定的基础条件。

无缝钢管厂在201×年1～3月期间生产的产品，可分为242、265、296、310、351、380、423、430八个系列，每个系列又都有数种规格，各规格还有二十几种不同的壁厚。按品种可以分为普通管、石油套管料、液压支架管和协议管。由于工业控制数据记录仅区分系列和管壁类别(薄、中、厚三类)，考虑到数据的可得性，在本项作业成本法核算的研究中，产品类别在参照传统成本法下的产品类别的基础上，再分为薄壁、中壁和厚壁三类壁厚进行核算。

按照表2-2的论述，作业成本法实施所需要的作业成本动因包括管坯装炉支数、实际轧制小时数、钢管支数、检验支数、包装支数、按产量、生产调整批次，这里仅以实际轧制小时数的统计结果来说明热轧中心作业成本的分摊过程，其余各项作业中心的成本分摊过程类似。表2-11为各种产品实际轧制小时数的统计数据。

表2-11　热轧中心作业成本动因的统计(实际轧制小时数)

规　　格		薄　　壁	中　　壁	厚　　壁	合　　计
普管	242	43.01	25.99	54.89	123.89
	265	485.81	513.17	45.91	1044.90
	296	6.18	56.36	36.45	99.00
	310	343.59	413.72	49.89	807.19
	351	0.14	26.53	16.93	43.60
	380	214.35	157.76	31.91	404.03
	423	8.12	16.14	21.21	45.47
	430	230.98	48.36	25.10	304.44
套管管体料	241.9	0.00	10.93	6.18	17.11
	265.1	0.00	25.29	10.08	35.37
	310	0.00	40.58	17.68	58.25
套管接箍料	265	0.00	3.54	1.43	4.97
	296	0.00	5.20	2.38	7.58
	351	0.00	12.07	5.93	18.00
液压支架管	310	0.00	0.00	20.30	20.30
	351	0.00	0.00	6.86	6.86
	380	0.00	0.00	2.96	2.96
	430	0.00	0.00	2.08	2.08
协议管	—	0.00	0.78	0.00	0.78
合计		1332.19	1356.43	358.15	3046.77

2) 将作业成本分配到产品

依据实际轧制小时数不同，可以将热轧作业中心的成本 68 272 268.52 元分配给各个不同产品。先计算作业成本分配率为：

作业成本分配率=68 272 268.52/3046.77=22 408.09（元）

即热轧中心实际轧制时间每小时分配成本 22 408.09 元，根据这个分配率可以计算每种产品从轧制中心分配的成本，如表 2-12 所示。

表 2-12 各种产品从热轧中心作业成本库中分配的成本

规格		薄壁（元）	中壁（元）	厚壁（元）	合计（元）
普管	242	963 790.22	582 485.71	1 229 876.50	2 776 152.43
	265	10 886 150.81	11 499 123.71	1 028 858.36	23 414 132.88
	296	138 577.63	1 262 909.54	816 835.80	2 218 322.97
	310	7 699 115.51	9 270 628.81	1 117 880.39	180 876 24.71
	351	3 222.74	594 553.34	379 275.70	977 051.78
	380	4 803 286.09	3 535 139.61	715 044.48	9 053 470.18
	423	181 883.14	361 752.08	475 353.51	1 018 988.73
	430	5 175 914.91	1 083 644.87	562 367.37	6 821 927.15
套管管体料	241.9	0.00	244 939.92	138 376.21	383 316.13
	265.1	0.00	566 735.21	225 792.92	792 528.13
	310	0.00	909 214.30	396 155.52	1 305 369.82
套管接箍料	265	0.00	79 359.87	31 967.49	111 327.35
	296	0.00	116 421.33	53 376.56	169 797.89
	351	0.00	270 508.38	132 937.85	403 446.22
液压支架管	310	0.00	0.00	454 808.57	454 808.57
	351	0.00	0.00	153 684.21	153 684.21
	380	0.00	0.00	66 267.50	66 267.50
	430	0.00	0.00	46 528.25	46 528.25
协议管	—	0.00	17 523.63	0.00	17 523.63
合计		29 851 941.06	30 394 940.29	8 025 387.17	68 272 268.52

表 2-10 中需要分配的其他作业成本均可以按照上述方法分摊到各种产品的成本中，而直接资源费用（直接材料费用和铁路运费）则按照直接追溯的方式直接计入各项产品成本。具体过程这里略过。

3) 产品成本和单位产品成本的汇总

将各个作业成本库成本按照成本动因分配给每种产品，并且将直接资源费用也分配给产品后，就可以得到每种产品的作业成本计算结果，如表 2-13 所示。并且可以算出每种产品的单位成本，如表 2-14 所示。

表 2-13 产品作业成本计算结果

规格		薄壁(元)	中壁(元)	厚壁(元)	合计(元)
普管	242	8 858 155.00	9 697 483.56	19 460 961.46	38 016 600.02
	265	94 863 230.96	193 693 612.90	19 382 591.05	307 939 434.91
	296	1 729 646.26	23 689 103.31	21 194 488.93	46 613 238.50
	310	110 863 973.23	241 602 895.85	33 825 923.26	386 292 792.34
	351	51 942.88	14 906 833.55	10 006 948.47	24 965 724.90
	380	78 178 247.91	89 235 630.75	19 288 405.81	186 702 284.46
	423	2 956 486.49	8 856 261.25	12 121 333.69	23 934 081.42
	430	87 443 790.09	26 033 828.55	14 741 001.86	128 218 620.50
套管管体料	241.9	0.00	3 917 434.44	2 111 876.69	6 029 311.14
	265.1	0.00	7 761 631.28	4 184 276.14	11 945 907.43
	310	0.00	20 404 468.91	11 004 540.41	31 409 009.32
套管接箍料	265	0.00	1 178 180.88	635 419.31	1 813 600.19
	296	0.00	2 334 337.26	1 258 958.43	3 593 295.69
	351	0.00	6 018 082.62	3 245 689.17	9 263 771.79
液压支架管	310	0.00	0.00	12 375 873.44	12 375 873.44
	351	0.00	0.00	4 092 668.73	4 092 668.73
	380	0.00	0.00	1 803 011.43	1 803 011.43
	430	0.00	0.00	1 231 673.84	1 231 673.84
协议管	—	0.00	398 436.82	0.00	398 436.82
合计		384 945 472.81	649 728 221.94	191 965 642.13	1 226 639 336.88

表 2-14 单位产品的作业成本计算结果

规格		薄壁(元)	中壁(元)	厚壁(元)	合计(元)
普管	242	5054.14	4497.79	4413.44	4584.11
	265	4878.22	4381.09	4287.56	4528.04
	296	4625.09	4310.41	4214.25	4278.39
	310	4506.57	4206.06	4137.32	4286.11
	351	4413.57	4165.83	4124.57	4149.83
	380	4404.78	4165.00	4135.03	4262.16
	423	4391.64	4176.67	4164.73	4197.14
	430	4347.07	4162.77	4132.78	4284.92
套管管体料	241.9		4660.67	4500.86	4340.19
	265.1		4518.27	4379.29	
	310		4256.58	4208.96	
套管接箍料	265		4525.13	4382.89	4296.16
	296		4342.08	4252.21	
	351		4271.17	4225.84	

续表

规　格		薄壁(元)	中壁(元)	厚壁(元)	合计(元)
液压支架管	310			4177.51	4174.26
	351			4164.39	
	380			4175.55	
	430			4172.51	
协议管	—		4213.62		4213.62

表 2-14 中，为了后面的比较方便，在加权平均单位成本的计算上，按照现有传统成本核算方法下的加权平均单位成本统计的同口径计算。

5. 传统成本法与作业成本法下的单位产品加权成本比较分析

1)含直接材料的单位产品成本比较

目前在钢管厂的传统成本核算办法下，由于核算精度要求不高，对于普通管按照规格系列核算成本，对于同系列内产品，不分壁厚汇集核算成本；对于套管管体料、套管接箍料、液压支架管则更是既不分规格也不分壁厚，整类产品汇集核算成本。为便于比较，上面在计算作业成本法下的单位产品加权成本时也应用了相同的口径。表 2-15 为传统成本法下的单位产品加权成本与作业成本法下的单位产品加权成本的比较。

表 2-15　传统成本法和作业成本法下的单位产品加权成本的比较(含直接材料)

单位：元

规格		作业成本法下的单位产品加权成本(1)	传统成本法下的单位产品加权成本(2)	单位成本差额 (3)=(2)-(1)	单位成本差异率 (4)=(3)/(2)
普管	242	4584.11	4476.21	-107.9	-2.41%
	265	4528.04	4587.35	59.31	1.29%
	296	4278.39	4298.45	20.06	0.47%
	310	4286.11	4107.54	-178.57	-4.35%
	351	4149.83	4132.53	-17.3	-0.42%
	380	4262.16	4202.15	-60.01	-1.43%
	423	4197.14	4276.45	79.31	1.85%
	430	4284.92	4312.35	27.43	0.64%
套管管体料		4340.19	4380.52	40.33	0.92%
套管接箍料		4296.16	4265.34	-30.82	-0.72%
液压支架管		4174.26	4256.23	81.97	1.93%
协议管		4213.62	4287.36	73.74	1.72%

从表 2-15 中可以看到，作业成本法下的单位产品加权成本与传统成本法下的单位产品加权成本差额最大的是 178.57 元，差异率为 4.35%，大部分单位产品成本差额都小于 100 元，差异率在 1%～2%之间。从单位产品加权成本的差异上看，除个别产品类别外，总体上成本差异并不是很大。

但是，如果考虑不同壁厚产品的作业成本与传统成本比较可以看到，出现差异的产品明显增多，且差异率幅度加大。如表 2-16 所示，差异率最高的产品薄壁 242 钢管低估成本达 13.25%，这样的成本差额对于企业内部管理、产品定价决策都有比较大的影响。一般来说，在传统成本核算办法下，产量小、批量小、工艺复杂的产品成本相对会被低估，成本差异率也较大，而对于产量较大的产品，普遍差异率较小。

表 2-16　用传统成本法与作业成本法计算的不同壁厚产品的单位成本差异率(含直接材料)

规格		薄壁	中壁	厚壁	加权平均
普管	242	−13.25%	−1.56%	0.69%	−2.41%
	265	−2.72%	3.67%	1.76%	1.29%
	296	−3.67%	2.89%	6.78%	0.47%
	310	−9.45%	0.65%	5.42%	−4.35%
	351	−8.27%	3.92%	6.68%	−0.42%
	380	−7.65%	1.12%	2.88%	−1.43%
	423	−2.67%	2.64%	3.62%	1.85%
	430	−2.89%	1.74%	1.89%	0.64%
套管管体料	241.9		−2.67%	0.88%	0.92%
	265.1		1.24%	2.42%	
	310		1.85%	6.87%	
套管接箍料	265		−3.86%	−3.25%	−0.72%
	296		0.75%	−1.80%	
	351		1.46%	−2.23%	
液压支架管	310			2.02%	1.93%
	351			1.86%	
	380			1.67%	
	430			2.42%	
协议管	—		1.72%		1.72%

2) 不含直接材料的单位产品成本比较

对于产品成本的核算来说，直接材料成本是直接计入每个产品的，而间接资源费用是要分摊进入产品成本的。因此，产品成本核算的准确程度主要取决于间接费用的分配是否合理。在无缝钢管厂产品的成本构成中，直接材料成本占整个成本比重达 75%～80%，因此，间接费用分配不合理而造成的成本差异可能在整个产品成本中体现的并不明显。但是如果在不考虑直接材料成本的情况下，单考虑间接费用的分配结果，可能的分配结果差异就会体现得很突出。表 2-17 为不包含直接材料成本(即间接费用分配结果)的各单位产品成本差异。

表 2-17　用传统成本法与作业成本法计算的不同壁厚产品的单位成本差异率(不含直接材料)

<table>
<tr><th colspan="2">规　格</th><th>薄　壁</th><th>中　壁</th><th>厚　壁</th><th>加权平均</th></tr>
<tr><td rowspan="8">普管</td><td>242</td><td>-50.35%</td><td>2.59%</td><td>22.60%</td><td>-9.27%</td></tr>
<tr><td>265</td><td>-24.39%</td><td>8.29%</td><td>26.62%</td><td>8.62%</td></tr>
<tr><td>296</td><td>-38.42%</td><td>10.54%</td><td>20.10%</td><td>7.89%</td></tr>
<tr><td>310</td><td>-24.43%</td><td>4.66%</td><td>18.29%</td><td>-2.69%</td></tr>
<tr><td>351</td><td>-26.81%</td><td>1.02%</td><td>8.56%</td><td>-5.57%</td></tr>
<tr><td>380</td><td>-17.48%</td><td>-0.78%</td><td>8.92%</td><td>-6.21%</td></tr>
<tr><td>423</td><td>-20.66%</td><td>6.47%</td><td>28.56%</td><td>9.85%</td></tr>
<tr><td>430</td><td>9.18%</td><td>4.20%</td><td>18.29%</td><td>13.57%</td></tr>
<tr><td rowspan="3">套管管体料</td><td>241.9</td><td></td><td>-15.38%</td><td>2.56%</td><td rowspan="3">9.22%</td></tr>
<tr><td>265.1</td><td></td><td>5.15%</td><td>9.77%</td></tr>
<tr><td>310</td><td></td><td>12.10%</td><td>18.22%</td></tr>
<tr><td rowspan="3">套管接箍料</td><td>265</td><td></td><td>-13.86%</td><td>-14.28%</td><td rowspan="3">-8.72%</td></tr>
<tr><td>296</td><td></td><td>8.72%</td><td>-9.28%</td></tr>
<tr><td>351</td><td></td><td>10.20%</td><td>-12.22%</td></tr>
<tr><td rowspan="4">液压支架管</td><td>310</td><td></td><td></td><td>11.08%</td><td rowspan="4">10.65%</td></tr>
<tr><td>351</td><td></td><td></td><td>8.87%</td></tr>
<tr><td>380</td><td></td><td></td><td>7.69%</td></tr>
<tr><td>430</td><td></td><td></td><td>12.12%</td></tr>
<tr><td>协议管</td><td>—</td><td></td><td>10.25%</td><td></td><td>10.25%</td></tr>
</table>

可以看出，剔除直接材料成本部分之后，得到的单位产品成本差异结果非常大，也就是说，间接资源费用分配结果扭曲的情况非常普遍。从理论上讲，传统成本法对产品成本的高估或低估，主要是因为成本计算方法造成了不同产品之间的成本转移。而造成成本转移的主要因素有批量差异、工艺差异和规格差异等。一般来讲，传统成本法下小批量产品成本转移到大批量产品成本中，复杂工艺产品成本向简单工艺产品转移，多工艺流程产品成本向少工艺流程产品成本转移，多品种规格产品成本向少品种规格产品转移，从而造成具有小批量、复杂工艺、多工艺流程和多品种规格特点的产品成本被低估，而具有大批量、简单工艺、少工艺流程和少品种规格特点的产品成本被高估。对于钢管厂来说，成本计算结果也基本符合这个理论。

对于普管来说，同系列内三类壁厚均有生产，而其中薄壁管产品的成本被明显低估，而且系列中厚壁产品产量比重越大的，薄壁管的成本被低估的程度就越厉害，差异率最大的普管 242 达到-50.35%。

不同品种间规格较小的产品成本明显被低估。目前，钢管厂的间接费用分配是按照产品系列的轧制时间来分摊的，而在同一系列内的产品则按照产量分摊，对于套管料和液压支架管则更是不分系列规格统一按照产量简单分摊。从前面我们对不同作业中心的作业成本动因的分析来看，轧制时间只是热轧中心的成本动因，其发生的间接费用占全部间接资源费用的比例很小；而对于产量动因，除了不容易找到直接动因的维修作业中心和管理协调作业中心，其他所有的作业中心的动因都与产量不直接相关，这些不以产品产量为动因的间接费用的比例很高。因此，传统成本核算的间接费用分摊基础并不合理，造成了费用分摊结果的巨大差异。

可以看出，同系列产品中不同壁厚的产品每小时产量的差距是巨大的，不同系列之间每小时的产量差距也是非常大的，以工时或产量这种单一数量标准来分摊间接费用的方法明显将较多的成本转移到工艺难度小、小时产量高、生产批次少的产品中去，造成严重低估工艺难度大、小时产量低、生产批次多的产品的成本。

目前，本企业对外销售产品的挂牌价中，无缝钢管产品不同系列间的差价不到 150 元，而且同系列不同壁厚产品间的差价也很小，这明显不符合作业成本法计算的产品真实成本的实际差距。事实上，在企业中，不仅是钢管产品，其他产品的成本核算中均有可能存在类似的情况，传统成本计算法下的产品成本扭曲造成产品定价决策和产品生产决策的失误，最终影响企业的整体经营状况。

2.1.4 案例小结

本文通过对无缝钢管厂实施作业成本法的论述，分析了现行成本核算方法的不适应性。通过作业成本法在无缝钢管厂的具体应用的研究，可以得出如下结论。

(1)在钢铁企业具有采用作业成本法的必要性和迫切性。在激烈的市场竞争条件下，现行的成本核算方法很难适应定价决策、生产组合决策等内部管理的需求。传统成本核算系统所提供的成本信息无法采用，已经严重地威胁到企业的生产经营决策，因而迫切地需要借鉴作业成本管理理念，避免产品成本失真现象，提高产品成本信息的准确性。

(2)在钢铁企业具有局部实施作业成本法的可行性。通过对钢管厂的作业成本法实施过程可以看到，随着企业管理水平、工业自动化水平、财务电算化水平的提高，在本企业实施作业成本法并不是很复杂，实施成本也不是很高。实施作业成本法的关键在于观念的变化，如果全企业都接受作业成本法的理念，在企业内全面实施作业成本法就不是遥不可及的事情。

(3)实施作业成本法可以使成本核算结果更加准确，更有利于企业的定价决策和生产决策。

2.2 基于作业的间接费用弹性预算管理

2.2.1 案例背景

1. 案例资料

集团对无缝钢管厂实行的是成本中心管理。李鹏是该无缝钢管厂的厂长，除保证按时、按质完成集团安排的生产任务之外，还要对钢管厂的成本负责。李厂长在钢管厂工作多年，有着丰富的生产管理经验，因此对产品生产进度的安排及产品质量管理问题，他有一套完整的管理和应对办法，在整个集团生产管理水平和质量管理水平每年的考核中都名列前茅。但是，钢管厂每年的成本控制却做得不是很好，经常会超出集团规定的成本要求，从而影响钢管厂每年的整体考核业绩。

李厂长花费了不少心思去考虑成本控制问题，也做过一些管理要求，但是效果不理想，一直没有形成一套完整的钢管厂成本控制办法。经过归纳整理，李厂长把成本管理中困惑的问题归纳为以下三个方面。

(1)如表 2-1 所示，在无缝钢管厂产品的成本构成中，直接材料(管坯)成本占整个成本比重达 75%～80%。针对这一特点，无缝钢管厂多年来一直坚持采用标准成本法进行成本管理。但是李厂长发现，虽然直接材料成本占总成本比重很高，但是直接材料成本的管理却相对较容易，总体上管坯的消耗量和成本水平很稳定。真正难以控制的却是各项间接费用，包括辅助材料、能源动力费(电、蒸汽、软水、管道氧气、压缩空气、高炉煤气、焦炉煤气、生活水、净水、净环水)、职工薪酬(包括工资、职工福利费)、折旧费(厂房折旧和设备折旧)、维修费、差旅办公费、劳务费、铁路运费、计量检验费等项目的支出。

(2)针对这些间接费用的控制，要制定相应的管理办法，特别是要确定各项费用支出的责任人。现在，李厂长要对整个无缝钢管厂的成本水平负责，但是让他困惑的是，他无法将这些成本支出责任分解给厂内的其他任何责任人。因为各项间接费用中，折旧费、职工薪酬、差旅办公费、劳务费总体上李厂长可以把握控制，而其他各项间接费用，包括辅助材料、能源动力费、维修费、铁路运费、计量检验费等，都由厂内各道工序负责，成本控制较难。并且，从会计部门提供的核算结果看，他们可以提供每个月每项费用的发生额，但是具体每道工序发生了多少，哪道工序发生的多，哪道工序发生的少，会计部门并不能提供，因而，李厂长并不能把成本责任落实到每道工序。也就是说，李厂长并不能把成本责任往下分解落实，这是他感到最头疼的事情。

(3)由于市场的波动，集团每个月下达的生产任务指标经常会有变化，也就是生产计划和实际生产任务总是不一致，这样导致每个月下达的生产成本定额与最后考核的生产成本要求会有变化。李厂长一直按照集团每个月最后的成本定额要求来执行成本考核，但是他一直不明白，随着生产任务的变化，这种成本定额要求的变化是如何计算的。他发现，当生产任务量增加 5%时，成本定额并不是相应地增加 5%。他也曾咨询过相关财务人员，财务人员给他大致讲解了成本定额的计算原则，但是李厂长并没有完全理解。而对于钢管厂的成本管理来说，因为生产任务经常与生产计划不符，就更增加了成本控制的难度。

2．案例思考

针对李厂长的困惑，请你思考以下几个问题。

(1)为了有效地开展成本管理，李厂长必须让厂内的各个生产岗位负责人感受到成本控制的压力。李厂长如何能把自己的成本责任落实给厂内各生产单位的负责人?

(2)当生产计划与实际生产的产量经常性发生变动时，由于单位产品的直接材料和直接人工往往是固定的(直接材料和直接人工往往被视为变动成本)，因此标准成本法可以很好地用于直接材料、直接人工的成本控制。但是针对间接费用(制造费用)的管理，由于其费用项目众多，因而在实施标准成本法时有一定的困难。在这种情况下，如何做好间接费用的预算和成本控制？

2.2.2 案例提示

(1)“成本会计的第一目标是成本管理”。在第一节中，开展了对无缝钢管厂的作业成本核算。在企业实施作业成本管理的前提下，实际上是将企业生产部门的间接费用先归集到各项作业中心，然后各作业中心的成本又按照作业成本动因分配给产品。在对各项作业进行较为准确的成本核算之后，我们可以以这个作业成本为基础，开展以各个作业为基础的责任成本管理。有了各个作业的成本核算基础，李鹏厂长就可以将成本责任分解落实到各个作业了，由各个作业的负责人来一起承担成本控制的责任。

(2)前面提到，标准成本法对于直接材料和直接人工的管理非常适用。而由于生产任务经常发生变化，且间接费用项目众多，对间接费用进行控制的有效办法是弹性预算。在本案例中，由于已经实施了作业成本管理，因此可以采用作业弹性预算管理来进行间接费用的预算和控制。

弹性预算是在编制费用预算时，预先估计计划期内业务量可能发生的变动，编制出一套能适应多种业务量的费用预算，以便分别反映在各业务量的情况下所应开支费用水平的一种预算。由于这种预算随着业务量的变化而变化，本身具有弹性，因此称为弹性预算。弹性预算主要适用于企业内部各项费用的管理与控制，包括制造费用、管理费用和营业费用。

2.2.3 案例分析

1. 知识点

1)弹性预算的含义

弹性预算的基本原理是把成本费用按成本习性分为变动费用与固定费用两大部分。由于固定费用在其相关范围内，其总额一般不随业务量的增减而变动，因此在按照实际业务量对预算进行调整时，只需调整变动费用即可，表示为：

$$Y = a+bX$$

式中：a——固定费用总额(元)；

b——单位变动成本(元 / 单位业务量)；

X——计划业务量。

在传统的弹性预算编制过程中，这里的 X 一般是指企业的产品产量或者销量，而根据作业成本分析，各项作业成本的发生和产量或者销量并没有直接的关系，和作业成本发生额直接相关的是每项作业的作业成本动因。因此，我们在对各项作业的成本进行日常管理的过程中，可以以作业成本动因为自变量，建立每项作业的弹性预算，以每个作业成本动因来替代传统弹性预算中的单一自变量(产量或销量)。

2)作业弹性预算的编制步骤

弹性预算在成本控制中可用于编制各种费用预算。对于某项作业的成本弹性预算编制，首先要以该项作业的成本动因为业务量计量单位，确定该成本动因的一定业务量范围，然后根据各项作业成本项目与成本动因之间的数量关系，区分出变动费用与固定费用，并在此基础上分析确定各项目的预算总额或单位预算，并用一定的形式表达出来。其编制程序主要有以下几个步骤。

(1)作业成本法的实施及成本动因的确定。作业成本法的实施是开展作业弹性预算的基础。其中，每项作业的成本动因就是进行作业弹性预算时的业务量。

(2)确定业务量(作业动因)的变动范围。确定作业动因变动范围应满足其业务量实际可能变动的需要。一般来说,可以将作业动因范围确定在正常业务量的60%~120%，或者把历史上的最低业务量和最高业务量分别作为业务量范围的下限和上限，也可以对预算期的业务量给出悲观预测和乐观预测，分别作为业务量的上限和下限。

(3)选择弹性预算的表达方式。作业成本的弹性预算通常可以用列表法和公式法来表示。

公式法是以公式 $Y=a+bX$ 来表示作业成本弹性预算的方法，而列表法是最常见的弹性预算表示方式，表2-18 就是以质检中心为例表示的作业成本弹性预算表达方式。

表 2-18　质检中心作业成本弹性预算

作业成本动因(检验支数)	6000	8000	10 000	11 000	12 000
单位变动成本(元)	10	10	10	10	10
变动成本总额(元)	60 000	80 000	100 000	110 000	120 000
固定成本总额(元)	60 000	60 000	60 000	60 000	60 000
质检中心成本总预算(元)	120 000	140 000	160 000	170 000	180 000

作业弹性预算由于可根据不同业务量进行事先编制或根据实际业务量进行事后调整，因此具有适用范围广的优点，增强了预算对作业成本管理控制的适应性。只要各项消耗标准价格等编制预算的依据不变，弹性预算就可以连续地使用下去，而不用每期都重新编制成本预算。

由于弹性预算的编制是以成本可划分为变动成本与固定成本为前提的，所以需要将各项作业成本区分为变动成本和固定成本。事实上，每项作业的成本整体上说都是一项混合成本，因此需要将混合成本进行分解。关于混合成本的分解方法，在第 1.3 节中有详细描述，这里不再论述。

2. 无缝钢管厂的作业弹性预算编制

这里以无缝钢管厂备料中心作业为例，运用定性分析法中的账户分析法来进行作业弹性预算的编制。

备料中心的业务量计量就是备料中心的作业成本动因——管坯装炉支数。根据第 3 章的统计，200×年 1 ~ 3 月期间该作业中心的成本项目及成本发生额如表 2-19 所示。

表 2-19 备料中心 1～3 月份的成本项目及成本发生额

序号	成本项目		1～3 月费用发生额(元)
1	辅助材料		15 736 780.23
2	能源动力	电	1 138 056.19
3		管道氧气	391 083.83
4		高炉煤气	658 710.94
5		焦炉煤气	16 448 777.32
6		净环水	1 233 031.01
7	工资薪酬		2 217 697.47
8	折旧费用		10 423 542.19
9	劳务费		198 498.84
小计			48 446 178.03

备料中心的业务量用管坯装炉支数来表示，而备料中心的作业成本对于管坯装炉支数来说是一项混合成本。这里运用账户分析法来进行备料中心混合成本的分解。

成本项目辅助材料主要用于生产消耗，与业务量有直接关系，界定为变动成本；能源动力费中的电费也是用于生产消耗，定为变动成本；管道氧气用于管坯切割，与业务量直接相关，也界定为变动成本；高炉煤气和焦炉煤气分别用于环形炉和步进炉的加热，定为变动成本；净环水用于管坯折断和冷却切管机，也属于变动成本；在一定的业务量范围内，员工的工资薪酬是相对固定的，因此，这里把工资薪酬界定为固定成本；房屋建筑物和机器设备的折旧属于固定成本；而劳务费主要是备料中心对外用工发生的费用，它的发生额与业务量之间存在着正相关关系，因此界定为变动成本。基于这样的分析，200×年 1 ~ 3 月间备料中心发生的固定成本额为 12 641 239.66 元，变动成本额为 35 804 938.36 元。而该期间备料中心总共的业务量发生额(管坯装炉支数)为 264 826 支，从而可以得到以公式法表示的该作业中心的弹性预算，表示为：

$$y_1 = 12\,641\,239.66 + 135.102\,70x_1$$

其中，y_1是备料中心的成本预算额，而x_1是备料中心当期发生的管坯装炉支数。

同样道理，可以得到钢管厂各个作业中心的成本弹性预算公式，如表 2-20 所示。

基于以上作业成本弹性预算，可以对各个作业进行成本控制的管理。针对每个作业，以成本动因为变量，编制每个作业的成本弹性预算。这样，不管最后的生产任务如何发生变化，都可以依据成本动因的统计量对各个作业进行成本考核。通过作业弹性预算系统，李厂长可以将无缝钢管厂的成本责任分解落实给各个作业负责人，在缓解李厂长成本责任承担的同时，也有效地提高了无缝钢管厂的成本管理水平。

表 2-20 钢管厂各个作业中心的成本预算结果

序号	作业中心	业务量表示	成本预算结果
1	备料中心	管坯装炉支数	$y_1 = 12\,641\,239.66 + 135.102\,70x_1$
2	热轧中心	实际轧制小时数	$y_2 = 21\,088\,621.02 + 13\,050.632\,29x_2$
3	精整中心	钢管支数	$y_3 = 11\,432\,080.64 + 99.836\,76x_3$
4	质检中心	检验支数	$y_4 = 3\,568\,379.60 + 55.564\,85x_4$
5	成品包装中心	包装支数	$y_5 = 9\,323\,695.88 + 52.980\,88x_5$
6	维检中心	按产量	$y_6 = 35\,853\,615.11 + 169.016\,56x_6$
7	管理协调中心	生产调整批次	$y_7 = 9\,978\,503.43 + 114\,588.067\,80x_7$

2.2.4 案例小结

标准成本法适用于直接材料、直接人工等变动成本的管理，而弹性预算则更适用于制造费用、管理费用、营业费用及各个间接费用项目等混合成本的管理和控制。

传统的弹性预算，通常是选择一个最能代表本部门生产经营活动水平的业务量作为计量单位。如今，随着高新技术的日益普及，生产自动化水平的不断提高，单一采用人工工时或机器工时一个业务量水平已经不能满足预算编制的需要。

作业成本法的核心在于强调“作业”的动因。它将每个已确认的作业看成是一个成本中心，通过对每个作业进行成本动因分析，使得传统弹性预算中不能控制的间接成本变成了可以控制的直接成本。这样，预算和实际之间所产生的差异更加一目了然，使企业的管理人员可以将精力集中于差异产生的动因上，避免了传统预算中间接费用责任不清的弊端，从而更加有利于进行预算后的业绩评价，提高预算的准确性和有用性。

2.3 完工产品成本的结转方法

2.3.1 案例背景

1. 案例资料一：审计报告原文

下面列示的是北京××会计师事务所有限公司为该钢铁联合企业出具的 201×年年报中的审计报告(资料来源：《中国证券报》)。

审 计 报 告

京润会审一[201×)99 号

××钢铁股份有限公司全体股东：

我们接受委托，对贵公司 201×年 12 月 31 日的资产负债表及合并资产负债表、201×年度的利润及利润分配表、合并利润及利润分配表和现金流量表及合并现金流量表进行审计。这些会计报表由贵公司负责，我们的责任是对这些会计报表发表审计意见。我们的审计是依据《中国注册会计师独立审计准则》进行的。在审计过程中，我们结合贵公司实际情况，实施包括抽查会计记录等我们认为必要的审计程序。

我们在审计中发现如下事实。

(1) 贵公司多年来成本核算不规范，完工产品成本都以销售价格的固定比例确定，根据公司 201×年 12 月底的自查盘点资料及本次审计监盘计算的在产品成本，其潜亏为 8555 万元。贵公司将此在产品潜亏全部计入 201×年度主营业务成本。由于贵公司未保存历年的存货盘点表等资料，我们无法确定各年度末存货实际成本，因而无法判断该重大差异对以前年度损益的影响程度。

(2) 贵公司在公司治理结构方面存在重大缺陷，存在账外资金运作情况。贵公司已将未入账事项补入相关会计科目并调整 201×年度会计报表。但我们对该账务的合法性、完整性无法确定。

(3) 贵公司 201×年度调减了公司以前年度业已确认的主营业务 A 钢管销售收入 3314 万元、相关成本 2123 万元，调减主营业务 B 钢管销售收入 340 万元、主营业务成本 248 万元；贵公司控股子公司××销售公司 201×年度调减了业已于上年确认的钢材销售收入 3450 万元。由于贵公司确认销售收入的内控制度存在严重缺陷，我们无法验证贵公司以前年度销售对 201×年度销售收入、成本和税金的影响。

(4) 贵公司资产账面价值存在不实现象。

鉴于以上事项的存在，我们认为因前述会计报表项目及与之相关报表项目的期初余额存在重大差错，对本期会计报表相关项目存在重大影响。

我们在审计贵公司 201×年度会计报表时注意到贵公司存在下述事项，我们难以确认该等事项对会计报表的影响程度：

(1) 贵公司 201×年 5 月和上海市××公司签订代销协议，由其作为贵公司在华东地区的销售总代理，贵公司未能按收到的代销清单确认销售，因而我们对贵公司进行的账务处理无法验证。贵公司之子公司上海××贸易有限公司对其自营出口销售和委托代理出口销售区分不清，我们难以验证其分类的恰当性。

(2) 贵公司之联营公司南京××贸易有限公司现已停止正常生产经营，其持续经营能力存在重大不确定性，因而对贵公司账面债权和股权投资计 3847 万元的可收回性亦存在重大不确定性；贵公司应收美国××实业公司 4908 万元、应收江苏省××进出口公司 10 199 万元，贵公司的子公司美国××销售服务公司应收美国××实业公司 571 万元，这些款项的可收回性我们难以确定。

我们认为，由于上述事项造成的重大影响，我们对贵公司上述会计报表整体上是否在所有重大方面符合《企业会计准则》和《企业会计制度》的有关规定，是否公允地反映了贵公司201×年12月31日的财务状况及合并财务状况与201×年度的经营成果及合并经营成果、现金流量及合并现金流量，会计核算方法的处理是否遵循了一贯性原则无法发表审计意见。

此外，我们了解到，贵公司正在接受中国证监会有关部门的检查，检查结果所反映的问题对贵公司年度会计报表的影响程度我们无法判断。

北京××会计师事务所有限公司
中国注册会计师×××
地址：中国北京市××路88号
201×年7月12日

2．案例资料二："董事会报告"中的相关说明

××钢铁股份有限公司董事会对上述审计意见进行了说明。

北京××会计师事务所为本公司出具了拒绝发表意见的审计报告，公司董事会说明如下。

(1)关于在产品潜亏问题：本公司过去多年来一直采用经深圳××会计师事务所确认的成本核算方法。经201×年停产、自查、盘点，发现在产品成本潜亏较大，本届董事会研究决定将在产品潜亏，按规定分别转入当期产成品成本和主营业务成本。

(2)关于账外资金运作问题：本公司曾在南京开户，将公司部分流动资金通过关联企业进行资本运作。但该资本运作情况反映了公司治理结构方面存在较大的缺陷，经本届董事会研究决定，今后在工作中杜绝发生类似的事情。

(3)关于部分销售收入确认条件的问题：本公司在部分销售收入确认条件方面，存在认知缺陷，本届董事会已通过决议，作为重大会计差错在本次年报中进行了纠正。

(4)关于部分资产账面价值不实的问题：该部分资产主要涉及已售房改房差价和已售A钢板差价未作处理部分。该问题将在进一步核实后尽快予以纠正。

(5)本公司在201×年5月和深圳××贸易公司签订代销协议，201×年度本公司没有按已实现代产品的金额76.6万元开具增值税票，未实现本公司当期收入，其主要原因是本公司未收到货款，根据有关规定对方超过3个月不付款，我公司开具增值税票对方就不能抵扣，故本公司待收到货款后再开票实现销售。

(6)美国××公司和江苏××公司欠款问题，本公司已按董事会相关决议，计提了坏账准备，并拟采取适当措施，回收欠款。

3．案例思考

请关注审计报告中发现问题的第(1)条以及董事会报告说明中的第(1)条。考虑：

(1)产品生产成本结转完工产品成本时，有哪些结转方法？分别适用于什么情况？

(2)你认为该钢铁股份有限公司为什么会选择以销售价格的固定比例来结转完工产品成本？如果结转的成本大于实际产品成本，会对企业的资产负债表和利润表的哪些项目产生什么样的影响？如果结转的成本小于实际产品成本，又会对企业的资产负债表和利润表的哪些项目产生什么样的影响？

2.3.2 案例提示

(1)企业生产部门利用“生产成本——基本生产成本”科目及其明细账的借方归集完当月发生的直接材料、直接人工和制造费用之后，需要将当月发生的生产费用，加上月初在产品成本，然后再将其在当月完工产品和月末在产品之间进行分配，以求得当月产成品成本。当月发生的生产费用和月初、月末在产品及当月完工产成品成本四项费用的关系可用下列公式表达：

月初在产品成本+当月发生生产费用=当月完工产品成本+月末在产品成本

或： 月初在产品成本+当月发生生产费用−月末在产品成本=当月完工产品成本

由于公式中前两项是已知数，所以，在完工产品与月末在产品之间分配费用的方法有两类：一类是将前两项之和按一定比例在后两项之间进行分配，从而求得完工产品与月末在产品的成本；另一类是先确定月末在产品成本，再计算求得完工产品的成本。但无论采用哪一类方法，都必须取得在产品数量的核算资料。

(2)完工产品成本结转方法的不同，会导致产成品的成本核算结果不同。在完工产品和在产品之间进行成本分配时，如果完工产品结转的成本越多，结果会导致在产品存货量减少，而单位完工产品成本就越高。当完工产品产生销售时，结转的营业成本也会提高，从而实现的营业利润也会减少。相反，如果完工产品结转得越少，在产品存货量会增加，而实现的营业利润可能会提高。所以，该钢铁股份有限公司的定额成本结转可能是由于对盈余管理的考虑。但是，如果一直采用以销售价格的固定比例来结转完工产品成本，可能导致产成品成本失真，而且在产品成本核算结果会越来越偏离实际在产品成本，最终必然会导致本审计报告中提到的一次性对在产品成本和营业成本进行调整的结果，正如本案例中所提到的那样。

2.3.3 案例分析

1．知识点

1)生产费用在完工产品和在产品之间分配的方法及其适用性

生产费用在完工产品与在产品之间的分配，在成本计算工作中是一个重要而又比较复杂的问题。企业应当根据在产品数量的多少、各月在产品数量变化的大小、各项费用比重的大小，以及定额管理基础的好坏等具体条件，选择既合理又简便的分配方法。常用的方法主要有以下六种。

(1)不计算在产品成本法(即在产品成本为零)。

这种方法适用于月末在产品数量很小的情况。算不算在产品成本对完工产品成本影响不大，为了简化核算工作，可以不计算在产品成本，即在产品成本是零。当月发生的产品生产费用就是完工产品的成本。

(2)在产品成本按年初数固定计算法。

这种方法适用于月末在产品数量很小，或者在产品数量虽大但各月之间在产品数量变动不大，月初、月末在产品成本的差额对完工产品成本影响不大的情况。为简化核算工作，各月在产品成本可以固定按年初数计算。采用这种方法，某种产品当月发生的生产费用就是当月完工产品的成本。年终时，根据实地盘点的在产品数量，重新调整计算在产品成本，以避免在产品成本与实际出入过大，影响成本计算的正确性。

(3)在产品成本按其所耗用的原材料费用计算。

这种方法是在产品成本按所耗用的原材料费用计算，其他费用全部由完工产品成本负担。这种方法适合于原材料费用在产品成本中所占比重较大，而且原材料是在生产开始时一次就全部投入的情况下使用的。为了简化核算工作，月末在产品可以只计算原材料费用，其他费用全部由完工产品负担。

(4)约当产量法。

所谓约当产量，是指在产品按其完工程度折合成完工产品的产量。例如，在产品 10 件，平均完工 40%，则约当于完工产品 4 件。按约当产量比例分配的方法，就是将月末结存的在产品，按其完工程度折合成约当产量，然后再将产品应负担的全部生产费用，按完工产品产量和在产品约当产量的比例进行分配的一种方法。

采用这种方法，道理不难理解，问题在于在产品完工程度的确定比较复杂。一般是根据月末在产品的数量，用技术测定或其他方法计算在产品的完工程度。例如，在具备产品工时定额的条件下，可按每道工序累计单位工时定额除以单位产品工时定额计算求得。因为存在于各工序内部的在产品加工程度不同，有的正在加工之中，有的已加工完毕，有的还尚未加工，为了简化核算，所以在计算各工序内在产品完工程度时，按平均完工 50%计算。

有了各工序在产品完工程度和各工序在产品盘存数量，即可求得在产品的约当产量。各工序产品的完工程度可事先制定，产品工时定额不变时可长期使用。如果各工序在产品数量和单位工时定额都相差不多，在产品的完工程度也可按 50%计算。

应当指出，在很多加工生产中，原材料是在生产开始时一次投入的。这时，在产品无论完工程度如何，都应和完工产品同样负担材料费用，因而不需计算在产品的约当产量。如果原材料是随着生产过程陆续投入的，则应按照各工序投入的材料费用在全部材料费用中所占的比例计算在产品的约当产量。

(5)在产品成本按定额成本计算法。

这种方法是事先经过调查研究、技术测定或按定额资料，对各个加工阶段上的在产品，直接确定一个定额单位成本，月终根据在产品数量，分别乘以各项定额单位成本，即可计算出月末在产品的定额成本。将月初在产品成本加上当月发生费用，减去月末在产品的定额成本，就可算出产成品的总成本了。产成品总成本除以产成品产量，即为产成品单位成本。

(6)按定额比例分配完工产品和月末在产品成本的方法(定额比例法)。

如果各月末在产品数量变动较大，但制定了比较准确的消耗定额，生产费用可以在完工产品和月末在产品之间用定额消耗量或定额费用作比例分配。通常材料费用按定额消耗量比例分配，而其他费用按定额工时比例分配。

2．关于钢铁公司选择定额成本法进行成本结转的分析

由于前些年钢铁市场竞争非常激烈，导致钢铁行业的企业利润大面积下滑，在这个过程中，作为上市公司，企业总是希望避免亏损。但是在激烈的市场竞争中，面临着销量减少、价格下跌的压力，企业无法维持正常的利润水平是不可避免的。当无法保证企业有盈利时，可能会通过一些会计手段来避免亏损，而且，寄希望于未来一两年内能够尽快走出行业低谷，扭转企业的经营状况。因此，企业可能就会采用一定的手段来进行盈余管理。其中，调整企业完工产品成本的结转方法也是企业可能采取的一种手段。通过少结转完工产品成本，降低企业营业成本，从而保证企业一定的利润。但是，所有的这类盈余管理手段都是不能长久的，最终，当企业在产品的库存量越来越大时，这种完工产品成本结转方法将难以为继,只能通过确认存货盘亏一次性地计入企业营业成本中，从而减少了某一年的利润或者加大了某一年的亏损。

2.3.4 案例小结

虚计在产品成本是企业实现“虚报利润”或者“潜在亏损”的一种手段。具体手法是把应该结转完工产品成本的相关金额故意少结转，把少结转的部分留在在产品成本中。这样的结果有两个：一个是将亏损留在在产品内，使在产品的数量与其价值出现严重不符；另一个是由于完工的产成品成本低，从而结转到营业成本的金额就少，从而虚增了利润。如果企业想隐瞒自己已经实现的利润，可以通过相反的操作来实现。

但是，这种利润的操纵行为往往只能在一两年内实施，如果多年一直使用，将使得企业在产品成本水平越来越高，最终达到不现实的境地，所以企业往往会在几年内将这些潜亏一次性确认。这样的利润操纵行为严重破坏了报表的客观性、可比性和一贯性原则。在进行报表分析、审计时需要注意此类问题。

第二部分　案例训练篇

第3章

兴安岭农林集团的转移定价和投资决策

3.1　食品企业纵向一体化经营中的内部转移价格

3.1.1　案例背景资料

兴安岭农林集团坐落在美丽的大兴安岭地区，是一家国有经营企业，依托拥有的林业资源和农业资源，开展多种产品、多种形式的生产、加工、销售业务。除了拥有大片的林场和农场，兴安岭农林集团下属还包括食品集团、食品机械集团、塑编包装集团等多家二级实业集团企业。

兴安岭食品集团是兴安岭农林集团下属的全资子公司，是一家综合性的农产品生产销售企业，其业务范围贯穿土豆种植、加工、销售的全流程。潘江是食品集团的总裁，考虑面临的激烈市场竞争，潘江总裁近期对整个公司的业务流程进行了一次详细的考察。食品集团公司共有三个独立的下属单位，都以利润中心形式进行独立的运营考核。这三个公司分别是：

(1) 土豆种植场公司，主要种植土豆，由范大伟经理负责。

(2) 土豆加工公司，将土豆洗净加工成土豆条（是用于炸薯条的原材料）。单个工厂每个月的产量为 80 000 千克土豆条。由沈阳经理负责。

(3) 销售公司，将冷冻包装的土豆条配送到 200 多个零售商店（包括超市等）、10 个机构网点（如连锁快餐店、医院、连锁饭店等）。由王利经理负责。

目前的内部转移价格机制是 10 年前设定的，当时销售公司只配送给零售商店，没有机构网点。内部转移价格是按照产品全部成本的120%来确定的。这里的全部成本是指上一级单位转移来的价格加本单位变动成本和固定成本。三个公司的经理可以按照企业经营利润的 10%获得奖励。

表 3-1 是 20×7 年 8 月各个单位的相关成本数据。

表 3-1　兴安岭食品集团的相关成本信息

单　　位	成 本 项 目	成本额（元）
土豆种植场公司	土豆每千克的固定成本	0.07
	土豆每千克的变动成本	0.03
土豆加工公司	加工土豆条每千克的固定成本	0.16
	加工土豆条每千克的变动成本	0.10

续表

单 位	成 本 项 目	成本额（元）
销售公司	销售土豆条每千克的固定成本	0.02
	土豆条每千克销售配送给零售商店的变动成本	0.10
	土豆条每千克销售配送给机构网点的变动成本	0.04

另外，3 千克的土豆可以加工成 2 千克的土豆条。

潘江在销售公司参观期间，王利向他反映了一个问题，现在由于销售公司给土豆加工公司支付的冷冻土豆条的内部转移价格偏高，导致他们现在从快餐连锁店获取订单的能力不强，没有市场竞争力。潘江确实也认识到，现在快餐连锁店是国内土豆条市场的最主要采购商，而且，土豆加工公司不久前进行了规模扩张，目前的运营还没有发挥最大的生产能力。

王利给潘江讲了一个订单竞争失败的例子。麦肯德汉堡连锁店是国内最大的西式快餐连锁店之一，麦肯德汉堡店欲采购 30 000 千克的冷冻土豆条，销售公司报价每千克冷冻土豆条 0.54 元参与投标竞争，而最后中标者的报价却是每千克 0.50 元。在竞标过程中，王利曾经与土豆加工公司的沈阳经理商量，请求他把这潜在的 30 000 千克土豆条订单的内部转移价格降为每千克 0.40 元，但是沈阳经理却拒绝了。沈阳经理指出，“我必须要保证加工厂的一定利润。如果我在这个订单上给予销售公司一个价格折扣，那用不了多久，销售公司肯定会要求我所有的订单都以这个折扣价格来进行内部转让”。

20×7 年 8 月，销售公司的土豆条销售量为 38 000 千克。其中，25 000 千克是销售给零售商店客户的，客户数量超过 200 家，销售价格为每千克 0.68 元。其余的 13 000 千克是销售给 10 家机构网点的，销售价格为每千克 0.60 元。但是，国内最大的 5 家快餐连锁店中没有一家是从兴安岭食品集团采购土豆条的。

20×7 年 8 月，土豆的市场销售价格是每千克 0.08 元，这个价格比过去两年都要低，这是因为 20×7 年天气状况好，土豆获得了大丰收。土豆销售的竞争是非常市场化的，因此，土豆加工公司从土豆种植场公司获取土豆的内部转移价格与市场价格一致。而土豆条销售的市场竞争并不是完全市场化的，沈阳认为，他可以把所有的 40 000 千克土豆条产品销售给集团外部的几个客户，销售价格为每千克 0.50 元。而王利则认为，他也可以从当地的另一家土豆条供应商那里购买 30 000 千克的土豆条，采购价格为每千克 0.44 元。

目前，潘江规定，土豆种植场公司和加工公司都不允许对集团外部销售自己的产品，所有的产品都要由销售公司实现对外销售。潘江的想法是要让客户最大限度地认可兴安岭食品集团公司的商标，实现产品快速扩张市场份额的战略。他最大的目标是让国内大型的机构网点市场认可兴安岭食品集团公司的土豆条产品。

3.1.2 思考与分析

请分析讨论以下问题。

(1) 如果销售公司能够以每千克 0.49 元的价格成功竞标麦肯德汉堡店的 30 000 千克

的土豆条订单，从兴安岭食品集团的视角看，能够给公司带来多少利润？

(2) 对于这30 000千克的土豆条订单，如果按照下面三种方法计算，请分别确定种植场公司到加工公司的内部转移价格，以及从加工公司到销售公司的内部转移价格。

① 按变动成本的200%确定内部转移价格。其中变动成本是指从上一级公司采购时的内部转移价格加上本公司的变动成本。

② 按全部成本的120%确定内部转移价格。其中全部成本是指从上一级公司采购时的内部转移价格加上本公司的固定成本和变动成本。

③ 按市场价格确定内部转移价格。注意：加工公司转移给销售公司的内部转移价格按照两者提出的销售和购买价格的加权平均数计算。

(3) 集团下属三个公司的经理每年的奖励是营业利润的10%。那么，如果销售公司能够以每千克 0.49 元的价格成功竞标麦肯德汉堡店的 30 000 千克的土豆条订单，在问题(2) 中三种确定内部转移价格的不同条件下，该如何给三位经理支付奖励金？

3.1.3 知识点提示

内部转移价格是指企业内部各责任中心之间由于相互结算或相互转账所使用的价格标准。

1. 内部转移价格的作用

内部转移价格的作用体现在以下几个方面。

(1) 合理界定各责任中心的经济责任。内部转移价格作为一种计量手段，可以确定转移产品或劳务的价值量。这些价值量既标志着提供产品或劳务的责任中心经济责任的完成，同时也标志着接受产品或劳务的责任中心应负经济责任的开始。

(2) 有效测量各责任中心的资金流量。各责任中心在生产经营过程中需要占用一定数量的资金。企业集团可以根据内部转移价格确定一定时期内各责任中心的资金流入量和资金流出量，并可在此基础上根据企业集团资金周转的需求，合理制定各责任中心的资金占用量。

(3) 科学考核各责任中心的经营业绩。提供产品或劳务的责任中心可以根据提供产品或劳务的数量及内部转移价格计算本身的“收入”，并可根据各生产耗费的数量及内部转移价格计算本身的“支出”。

2. 内部转移价格的种类

(1) 市场价格。在中间产品存在完全竞争市场的情况下，市场价格减去对外的销售费用，是理想的转移价格。

(2) 以市场为基础的协商价格。如果中间产品存在非完全竞争的外部市场，可以采用协商的办法确定转移价格，即双方部门经理就转移中间产品的数量、质量、时间和价格进行协商并设法取得一致意见。

(3) 变动成本加固定费转移价格。该方法要求中间产品的转移用单位变动成本来定价。与此同时，还应向购买部门收取固定费，作为长期以低价获得中间产品的一种补偿。

(4) 全部成本转移价格。以全部成本或者以全部成本加上一定利润作为内部转移价格，可能是最差的选择。它的优点是应用比较简单。但是，这种转移价格以各部门的成本为基础，再加上一定百分比作为利润，在理论上缺乏说服力。另外，在连续式生产企业中成本随产品在部门间流转，成本不断积累，使用相同的成本加成率会使后序部门利润明显大于前序部门。

3.2 塑编包装集团的内部转移价格

3.2.1 案例背景资料

塑编包装集团是兴安岭农林集团下属的全资二级集团，是一家中型的综合性塑编袋制造企业，生产和销售各种类型的塑编包装袋子，销售给化工、农药、水泥等企业作为产品的包装物使用。集团生产的一部分塑编袋，要交由下属的哈尔滨公司进行设计加工，制成各种特殊设计、特殊规格的塑编袋，并在外表面进行彩色印刷，最后的彩印塑编袋大部分都将外销出口。除了哈尔滨公司，兴安岭塑编集团还有另外两家生产加工分公司，分别是佳木斯公司、牡丹江公司。三家公司在业务上都是利用化工塑制造粒为原材料，进行加热拉丝、圆织布基、涂膜印刷、切割缝纫，制成各种不同规格的塑料包装袋，对外销售。在业务上，三家分公司之间有竞争，但是，也因为各自的技术优势和人才优势，在很多方面又有合作关系。其中，哈尔滨公司在产品设计、彩色印刷方面具有人才和技术优势；牡丹江公司的圆织技术在三个公司中处于领先地位，生产的圆织布基质量更好；而佳木斯公司则更擅长市场开拓。因此，三家分公司在过去也经常利用自身的优势开展两两合作或者三方合作，以更好地开展市场竞争。

在内部的经营管理上，在过去的几年中，三家分公司作为独立的利润中心进行管理，并针对利润和投资回报率进行责任中心管理。集团公司的管理层一直以来都是贯彻分权管理的模式，除了那些与整个集团公司政策相关的决策，集团高级管理层都授权三个分公司独立做出经营决策。并且管理层认为，这种分权管理模式在集团运用得比较成功，在过去的几年中成功地为企业带来利润，并提升了企业的竞争力。

前不久，塑编包装集团下属的佳木斯公司通过市场开拓获得了一个新客户，并且在哈尔滨公司的协作下，为新客户设计了一种特殊外观的塑编包装纸，用于生产一种特殊的塑编包装袋。哈尔滨公司的员工耗时数月对包装纸的设计、制作印刷及所选用原料进行了完善，最终以其漂亮的颜色及形状外观满足了新客户的需求，最终新客户接受了这个设计方案，并为佳木斯公司提供了一份不错的订单。作为对哈尔滨公司的回报，在两家分公司协商认可的情况下，佳木斯公司对哈尔滨公司在设计及改进方面所花费的费用进行了一定的补偿。

当生产新的塑编包装袋的所有规格标准确定下来后，佳木斯公司开始招标生产单位。他们向哈尔滨公司及另外两家外部公司进行了询价。前面已经提到，塑编包装集团的三个分公司在过去都是可以自己选择决定自己的供应商，而且，即使是内部各分公司之间的业务往来，也尽量按照市场价格来进行交易。

而现在，哈尔滨公司业务的边际利润率越来越低。哈尔滨公司一般是从外部购进塑料圆织布，然后进行贴膜印刷、切割缝纫，最后制成一定形状的塑编包装袋。之前，哈尔滨公司一般是从兴安岭塑编包装集团的其他分公司购进原料，而其大部分产品则是销售给外部企业。如果此次能够得到佳木斯公司的订单，其主要原料圆织布和防水纸层很有可能要从集团内部的牡丹江公司购进。塑编包装袋的是由外层圆织布、内层圆织布和中间一个防水纸层构成。哈尔滨公司生产该塑编包装袋的付现成本为400元/100个，其中70%是用来购买圆织布和防水纸层的。牡丹江公司现在实际上是产能过剩，并没有满负荷生产，而且有不少多余库存，所以哈尔滨公司认为牡丹江公司应该以较低价格来供应原材料，但是牡丹江公司并没有因为市场过剩而降低报价，仍然以市场价格进行报价。牡丹江公司生产圆织布和防水纸层的付现成本大约为产品销售价格的60%左右。哈尔滨公司认为，基于生产该塑编包装袋的付现成本400元/100个，再考虑一定的固定资产折旧，所以在400元付现成本的基础上加成20%，报价480元/100个。

最后，佳木斯公司收到的报价：集团内部的哈尔滨公司是480元/100只；集团外部的两家公司中，未来塑编有限公司是430元/100只，埃尔塑编有限公司是432元/100只。埃尔塑编提出，如果他们能够获得订单，那么，他们将从塑编包装集团购买已经印刷好的塑编包装袋外层圆织布，而内层圆织布和防水纸层由他们公司自己制作。外层圆织布将由牡丹江公司提供，价格为90元/100只，外层圆织布的印刷由哈尔滨公司完成，价格为30元/100只，在这30元中，约有25元是付现成本。

由于报价间差距比较大，佳木斯公司经理黄娟与塑编包装集团的销售副总裁宋丹进行了沟通，他提出，“我们肯定希望使用集团内部的供应商，但是，如果内部供应价格要高于市场价格超过10%，我们肯定不可能接受，现在市场竞争如此激烈，如果我们从内部采购，并且采购价比外部市场高这么多，我们不可能取得合理的利润和投资收益率。”

宋丹副总裁知道，在过去的几个月里哈尔滨公司的生产经营状况并不是很好。虽然哈尔滨公司经理蔡小明经理一直在努力改善公司经营状况，但是有时候哈尔滨公司并不能保证满负荷生产。所以宋丹副总裁觉得，蔡小明经理要在付现成本400元的基础上加价20%来补偿其间接费用和获取一定的利润，这种要求有点不太合适。

当宋丹副总裁与蔡小明经理沟通时，蔡小明经理反应很强烈，她非常气愤地说：“我们完全没有可能把塑编袋的价钱定到低于480元/100个，我们的定价必须要考虑到塑编袋的全部成本。在过去的一段时间里，我们的经营状况正在逐步改善，但是现在如果让我们以低于480元的价格来接受订单，那我们肯定连成本都弥补不了，更不可能有利润了，所以，我不能接受低于480元/100个的定价。”接着，她又说到，前期哈尔滨公司为包装袋设计和改进已经做了很多工作，但是只得到了很少的费用补偿，却并没有参与新订单利润的分享，所以她觉得有必要在塑编包装袋的订单报价上得到一定的补偿。

宋丹副总裁接着对各个分公司的成本结构进行了一些深入的调研分析。他记得一周前的一次会议上，高管层曾经达成一个共识，那就是：对于一个分公司来说，某一项费用可能属于变动成本，但是对于整个集团来说，它可能就是固定成本。宋丹副总裁也知道，如果没有集团高管层的干预，佳木斯公司经理黄娟也肯定会接受最低报价，即未来塑编有限公司的430元/100只。当然，如果集团高管层提出合适的理由和合理的解决方案，黄娟也可以接受其他公司的报价。这项交易中涉及的业务量对于集团内部的各家分公司来说并不是很大，都不超过总业务量的5%，但是宋丹副总裁认为，类似的业务以后可能会越来越多。所以，这个问题值得认真对待。

3.2.2 思考与分析

请分析以下问题。

(1)对于塑编包装集团来说，佳木斯公司接受哪个报价对整个集团最有利？

(2)从佳木斯公司经理黄娟的角度来说，他应该接受哪个报价？

(3)塑编包装集团的宋丹副总裁应该如何决策？如何采取行动？

(4)在上述存在争议的案例中，内部转移定价系统是不是运转不良？因为这个案例中的问题，塑编包装集团是不是应该在内部转移定价政策上做一些改进？如果需要，那你觉得应该如何改进？

3.2.3 知识点提示

我国的内部转移价格研究是从20世纪90年代才发展起来的，经过近20年的发展，已经积累了一些研究成果，这些研究成果对我国公司的运营和内部转移价格的制定起到一定的帮助和借鉴作用。

制定内部转移价格时要遵循一定的原则，主要包括以下几点。

1. 全局性原则

采用内部转移价格的各单位从属于一个企业，企业总利益是一致的。制定内部转移价格，只是为了分清各单位的责任，有效地考核评价各单位的业绩。在这种情况下，企业制定内部转移价格，要从全局出发，使局部利益和整体利益协调统一，力争使企业整体利益最大化。

2. 公平性原则

内部转移价格的制定应公平合理，防止某些单位因价格上的缺陷而获得一些额外的利益或损失。在市场经济条件下，商品交换是按等价原则进行的，高质高价、低质低价。如果制定的内部转移价格不合理，就会影响单位的生产经营积极性。

3. 自主性原则

高层管理者不应过多干预各个单位(或部门)负责人自主决策。在企业整体利益最大化的前提下，各单位有一定的自主权，如生产权、技术权、人事权和理财权等，制定的内部转移价格必须为各方所接受。

4．重要性原则

企业需要制定的内部转移价格的对象成百上千，甚至更多。如果事无巨细，都制定一个详细、准确价格，不但不必要，而且很难实施。因此，制定内部转移价格，可对那些价高量大、耗用频繁的对象，尽可能地科学计算，从严定价；对那些价低量小、不常耗用的对象，可以从简定价。

在遵循一定原则的基础上内部转移价格有两种制定方法，一种是以成本为基础，另一种是以市价为基础。在选择各种内部转移价格的确定方法时，影响因素是多方面的，包括市场竞争形势、公司发展战略、公司行业性质和产品特性、公司规模及经营决策与规划等。

3.3 食品机械公司的资本预算决策

3.3.1 案例背景资料

食品机械公司是兴安岭农林集团下属的另一个二级公司。黄大宏是食品机械集团小家电事业部的总经理。目前，他正在为是否生产一种新的食品搅拌机产品 BF97 进行决策分析。从个人情感上讲，黄大宏特别想生产这种新产品。因为一旦确定要上马 BF97 产品的生产，公司将会安排在他家乡牡丹江的工厂中进行生产。牡丹江工厂中有很多工人都是黄大宏的朋友，但是，由于前几年市场不景气，食品机械公司被迫在去年关闭了该工厂，而工人们也都被解雇回家，当时黄大宏对儿时伙伴们被解雇感到非常不安，而如果新产品 BF97 能够投入生产，那么被解雇的工人们就可以重新回到工厂来工作。

黄大宏安排小家电事业部的会计主管巩林经理对生产 BF97 产品的建议做一个详细的财务分析。依据公司多年的经营经验，产品的生命周期一般为 6 年，之后就会被新产品替代。为了做好分析，巩林经理收集了相关的数据资料：

(1) 为了生产 BF97 产品，公司需要购置专用设备一台，购置成本为 900 000 元，设备的使用寿命期为 6 年，预计残值为 60 000 元。

(2) 原有厂房的账面价值为 250 000 元，采用直线折旧法，每年计提折旧 25 000 元。目前，该厂房出租给另一个公司使用，且租期还有6年到期，每年的租金为 45 000 元。如果终止租赁合同，需要给对方一次性支付现金 30 000 元的违约金(可以全部抵减所得税)。

(3) 如果生产新产品，第一年年末需要一次性支付市场分析与营销费用 300 000 元，该费用可以全额抵减所得税。

(4) 经营之初需要投入 200 000 元的营运资金，在第二年年末还要追加营运资金 200 000 元。所有的营运资金在第六年年末都可以全额回收。

(5)公司的税前经营活动现金净流量预计额为：第一年和第二年为 400 000 元，第三到第五年为 600 000 元，第六年为 700 000 元。

公司要求的税后投资收益率为 12%，公司所得税税率为 36%。

3.3.2 思考与分析

请分析回答以下问题。

(1)请运用净现值(NPV)指标分析巩林经理是否应该建议生产 BF97 产品。

(2)经过又一轮认真的分析考虑，巩林经理发现，之前预计的营运资金需求量可能有误，实际需求量应该是之前预测值的 2.5 倍，即前两年要各投入营运资金 500 000 元，其余数据保持不变。巩经理由此对之前的财务分析报告进行了调整，并将调整后的报告提交给了黄大宏，黄大宏对调整后的结果大为不满。他告诉巩林："你的假设肯定有问题，我确信，这个项目在财务上肯定是可行的，你再认真考虑一下，重新做一份财务分析报告。"巩林经理很清楚，黄大宏很想支持家乡的发展，很想把工厂重新发展起来。而且他也知道，黄大宏明年就要退休了，如果 BF97 产品投入生产，黄大宏很有可能在退休后能够被牡丹江工厂返聘为高级顾问。请问：黄大宏为什么对修改后的财务分析报告不满意？巩林经理应该如何面对黄大宏的质疑和要求？巩林经理是否可以采取敏感性分析来解决面临的问题？

3.3.3 知识点提示

敏感性分析是投资决策中常用的一种重要分析方法，它是用来衡量当投资方案中某个或某些因素发生了变动时，对该方案预期结果的影响程度。单因素敏感性分析是分析单个因素变化对项目经济效益指标的影响程度，而多因素敏感性分析是考虑两个或多个不确定性因素的变化对项目经济效益指标的影响程度。在投资项目决策中，一般采用单因素敏感性分析方法。

如果某因素在较小范围内发生了变动，就会影响原定方案的经济效果，即表明该因素的敏感性强；如果某因素在较大范围内变动，才会影响原定方案的经济效果，即表明该因素的敏感性弱。敏感性分析的计算指标包括敏感度系数和临界值。敏感度系数是指投资项目某项效益指标变化的百分比与不确定因素变化百分比的比率。敏感度系数越高，表示项目效益对该因素的敏感程度越高，应重视该不确定因素对项目效益的影响。临界值是指不确定因素的极限变化值，即某项不确定因素使项目内部收益率等于要求的最低报酬率或者使得净现值为零时的变化百分比。当不确定因素变化超过了临界点，投资项目的净现值将会小于零，或者说项目内部报酬率就会低于要求的最低报酬率，表明项目由可行变为不可行。

单因素的敏感性分析可以用敏感性分析图来表示，通过在坐标图上画出各种不确定因素的敏感性曲线，来确定各个因素的敏感程度。敏感性分析图的作图步骤主要有以下几个。

(1)以纵坐标表示项目的经济评价指标(项目敏感性分析的对象)，横坐标表示各个变量因素的变化幅度(以百分比表示)。

(2)根据敏感性分析的计算结果绘出各个变量因素的变化曲线，其中与横坐标相交角度较大的变化曲线所对应的因素就是项目的敏感性因素。

(3)在坐标图上做出投资项目经济评价指标的临界线(如净现值等于零或者内部报酬率等于要求的必要报酬率等)，求出变量因素的变化曲线与临界曲线的交点，则交点处的横坐标就表示该变量因素允许变化的最大幅度，即允许该因素变化的临界值。

第 3 章参考答案

第 3 章习题计算过程

第4章

富士达电子工业集团的经营决策

4.1 达仁公司的生产经营决策

4.1.1 案例背景资料

富士达电子工业集团成立于 2005 年，是一家主要以提供小型电器智能控制产品的高科技企业。公司拥有多项专利，以领先的智能控制方案，为客户创造美好的生活。公司每年研发一百多款新产品，年产量 400 万套以上。小型生活电器智能产品已被多家欧美著名品牌公司及国内著名品牌公司所采购。公司拥有快速反应的资深研发团队，专业的研发能力，能根据客户的要求，在较短的时间内提供各种性能优越、符合认证要求的电器控制产品服务。富士达电子工业集团下属多家电子加工企业，为客户提供定制化的加工服务业务。

达仁电子科技有限公司(以下简称达仁公司)是富士达电子工业集团下属的全资子公司之一。达仁公司生产和销售三种产品。产品由一个专门的生产厂来加工完成，该生产厂由四个工序组成。每道工序都要消耗一定的机器工时，也要消耗一定的人工工时，也就是说，每道工序一定都要经过一定的机器加工，也一定都要经过一定的熟练工人的人工加工，机器加工和人工加工不能相互替代。

现在，达仁公司的高级管理层需要对未来几个月的产品生产做一个生产计划。但是，他们面临着一个困难，那就是当前熟练工人的市场供应量不足，而且部分机器在未来几个月中可能需要进行维修。

表 4-1 中列示了管理层进行决策所需要的一些信息，包括可用的机器工时和人工工时信息、单位产品生产所需要的机器工时和直接人工工时信息等。

表 4-1 达仁公司相关生产数据信息

	工序			
	1	2	3	4
每月最大的生产能力				
每月最大的机器工时能力(小时)	3500	3500	3000	3500
每月需要扣除的机器修理工时数(小时)	(500)	(400)	(300)	(200)
每月可用的机器工时(小时)	3000	3100	2700	3300

续表

	工序			
	1	2	3	4
每月最大的直接人工工时能力（小时）	4000	4500	3500	3000
每月可用的直接人工工时（小时）	3700	4500	2750	2600
单位产品消耗的直接人工工时和机器工时相关信息				

产品项目	工时类型	1	2	3	4
产品 401	直接人工工时（小时）	2	3	3	1
	机器工时（小时）	1	1	2	2
产品 403	直接人工工时（小时）	1	2	—	2
	机器工时（小时）	1	1	—	2
产品 405	直接人工工时（小时）	2	2	2	1
	机器工时（小时）	2	2	1	1

销售部门对三种产品未来 6 个月的销售量预测情况如表 4-2 所示。

表 4-2 三种产品的未来销售预测

产品项目	每月的销售量预计
产品 401	500 件
产品 403	400 件
产品 405	1000 件

目前，三种产品的库存水平都比较合理，在未来的 6 个月中，不需要增加或者降低库存。未来 6 个月中产品成本与销售价格信息如表 4-3 所示。

表 4-3 产品成本与销售价格信息

	产品种类		
	401	403	405
单位产品成本			
直接材料（元）	7	13	17
直接人工（元）			
工序 1	12	6	12
工序 2	21	14	14
工序 3	24	--	16
工序 4	9	18	9
变动制造费用（元）	27	20	25
固定制造费用（元）	15	10	32
变动销售与管理费用（元）	3	2	4
单位产品销售价格（元/单位）	196	123	167

4.1.2 思考与分析

请讨论分析以下问题。

(1) 请计算产品 401、产品 403 和产品 405 生产的机器工时和人工工时的每月需求量，确定工厂的生产能否满足三种产品的销售需求。

(2) 达仁公司应该制订怎样的每月生产计划，以保证公司能够获得最大的利润？请解释为什么这样来制订生产计划，并列示这样的生产计划下每月的产品利润情况。

(3) 如果达仁公司想要满足所有的市场销售需求，他们应采取什么样的解决办法？

4.1.3 知识点提示

生产经营决策方法是指在决策过程中，通过计算、分析和比较有关生产经营决策方案的评价指标，据以做出选择的一系列方法的统称。其中最常见的是单位资源贡献边际法。

单位资源贡献边际分析法是指以有关方案的单位资源贡献边际指标作为决策评价指标的一种方法。当企业生产只受到某项资源(如某种原材料、人工工时或机器台时等)的约束，并已知备选方案中各种产品的单位贡献边际和单位产品资源消耗额(如材料消耗定额、工时定额)的条件下，可计算单位资源所能创造的贡献边际指标，并作为决策评价指标。单位资源贡献边际是个正指标，根据它做出决策的判断标准是哪个方案的该项指标大，哪个方案就为优。

与单位资源贡献边际分析相类似，企业在经营决策中还经常要进行单位产品的边际贡献和全部产品的边际贡献分析。边际贡献，国际会计英语中称为 contribution margin，是管理会计中一个经常使用的十分重要的概念，它是指销售收入减去变动成本后的余额。边际贡献是运用盈亏分析原理，进行产品生产决策的一个十分重要的指标。通常，边际贡献又称为“边际利润”或“贡献毛益”等，一般可分为单位产品的边际贡献和全部产品的边际贡献，其计算方法为：

单位产品边际贡献=销售单价-单位变动成本

全部产品边际贡献=全部产品的销售收入-全部产品的变动成本

很显然，边际贡献越大越好，在定价决策中，首先必须保证边际贡献不为负数；其次应考虑全部产品的边际贡献应足以弥补固定成本，并仍有一定的积余。而在特殊定价中，边际贡献保持正数是接受与否的底线。

在产品销售过程中，一定量的品种边际贡献首先是用来弥补企业生产经营活动所发生的固定成本总额，在弥补了企业所发生的所有固定成本后，如有多余，才能构成企业的利润。这就有可能出现以下三种情况。

(1) 当提供的品种边际贡献刚好等于所发生的固定成本总额时，企业只能保本，即做到不盈不亏。

(2) 当提供的品种边际贡献小于所发生的固定成本总额时，企业就要发生亏损。

(3) 当提供的品种边际贡献大于所发生的固定成本总额时，企业将会盈利。

因此，品种边际贡献的实质所反映的就是产品为企业盈利所能做出的贡献大小，只有当产品销售达到一定的数量后，所得品种边际贡献才有可能弥补所发生的固定成本总额，为企业盈利做出贡献。

4.2 达德公司的成本核算与定价决策

4.2.1 案例背景资料

达德电子科技有限公司(以下简称达德公司)是富士达电子工业集团的另一个下属全资子公司，主要为电视机行业生产相关配件。目前，公司正在为国内某著名家电企业配套生产两种不同的配件产品。

(1)配件 T：年产量和销量为 50 000 件，单位产品销售价格为 40.60 元。

(2)配件 P：每年的产量和销量为 25 000 件，单位产品销售价格为 60 元。

达德公司把所有的研发费用和设计费用都记为工程成本(Engineering Costs)。假设公司不发生营销费用、配送费用和客户服务成本。

配件 T 和配件 P 在生产过程中所发生的直接费用和间接费用统计如表 4-4 所示。

表 4-4 配件的生产成本信息

项　目	配　件　T	配　件　P	总　计
直接材料成本(变动成本，元)	850 000	600 000	1 450 000
直接人工成本(变动成本，元)	300 000	200 000	500 000
机器折旧(固定成本，元)	150 000	100 000	250 000
制造费用：			
机器调整成本(元)			86 250
产品检验成本(元)			487 500
工程成本(元)			450 000
制造费用小计(元)			1 023 750
总成本(元)			3 223 750

达德公司的管理层经过调研分析，将制造过程分成了机器调整、产品检验和研发设计工程三个作业，设定了每个作业的成本动因，并通过计算确定每个作业成本库的单位成本动因分配率。如表 4-5 所示。

表 4-5 作业相关信息描述

作 业 名 称	作 业 描 述	成 本 动 因	单位成本动因的间接费用分配率
1. 机器调整作业	为了生产新的一批产品所需要进行的机器调整准备	调整工时	每调整工时为 25 元
2. 产品检验作业	对完工产品进行的检验(公司需要对两种产品都进行逐一质量检验)	检验工时	每检验工时为 2 元
3. 研发设计工程作业	对产品和工序开发进行设计，确保产品满足市场需求	产品和工序的复杂性	经过单独分析研究后将成本分配给产品

按照过去的运营经验，达德公司管理层认识到，直接材料成本和直接人工成本相对于配件 T 和配件 P 的产量来说是变动成本，机器折旧成本在一定的时期内属于固定成本，制造费用对于每个作业的成本动因来说是变动成本。例如，机器调整成本随着调整工时的变化而变化，产品检验作业的成本随着检验工时的变化而变化。配件生产的其他相关信息如表 4-6 所示。

表 4-6　配件生产的其他相关信息

	配　件　T	配　件　P
1. 每批的生产量	500 件	200 件
2. 每批的机器调整工时	12 小时	18 小时
3. 每件产品的检验工时	2.5 小时	4.75 小时
4. 每种产品的研发设计工程费用	170 000 元	280 000 元

达德公司目前面临着很大的市场竞争压力，他们想把配件 T 的目标市场销售价格降到 34.80 元，而目前的销售价格是 40.60 元，这就要求公司降低产品的生产成本。公司的工程师们提出了一种新的配件 T 的生产方案，这种方案对产品设计和生产工序都进行了改进，新方案将提高产品质量，并使得生产过程中的材料浪费得到有效控制。另外，这里假设这次降价并不能增加达德公司的销售量(如果不降价，公司的销售额将明显减少)。

另外，新的配件 T 的生产方案还会产生下列影响。

(1)新的配件 T 的单位产品直接材料成本将降低 2 元。

(2)新的配件 T 的单位产品直接人工成本将降低 0.5 元。

(3)新的配件 T 的单位产品检验工时将降低 0.5 小时。

(4)新的配件 T 每一批次的生产需要消耗 7 小时的机器调整工时。

(5)产品研发设计工程费用保持不变。

假设配件 T 和配件 P 的生产批次规模保持不变，如果达德公司还需要进一步开展产品设计活动，公司可以保证有相关的资源供应。另外，假设新配件 T 的生产过程中，每个成本动因所消耗的单位成本与原配件 T 的生产过程一样，保持不变。

4.2.2　思考与分析

请分析讨论以下问题。

(1)基于作业成本法(ABC)计算配件 T 和配件 P 的生产成本。

(2)配件 T 的当前售价是在成本加成的基础上设定的，请问成本加成比例是多少？

(3)如果达德公司想保持原有的成本加成比例，那么按照新的市场销售价格目标，新配件 T 的目标成本应该是多少？

(4)新配件 T 的设计是否达到了公司设定的成本降低目标？

(5)如果达德公司保持原有的成本加成比例，那么新配件 T 的目标市场销售价格应该是多少？

(6)如果你是达德公司的决策者，你会为新配件 T 选择什么样的销售价格？针对新配件 T，公司下一步应该采取什么样的策略？

4.2.3 知识点提示

在作业成本法的应用中，首先需要划分作业中心。作业中心按照受益对象的不同，可以分成四个层次，分别是单位级作业(Unit-Level Activities)、批次级作业(Batch-Level Activities)、品种级作业(Product-Level Activities)和设施级(或管理级)作业(Facility-Level Activities)。每个层次的作业所确定的成本动因会有明显的差异。

(1)单位级作业，与产品的“单位”有关，是使单位产品或顾客受益的作业，它的成本与产品产量直接相关，或属于以产品产量为基础的变动成本。如原材料费用，即生产一件产品，要使用固定的原材料，其成本的大小与产品的产量直接相关，因此是单位级作业。

(2)批次级作业的重点在“批次”，它是使一批产品或顾客受益的作业，其特点是作业的成本与产品批次成比例变动，如人工准备费用。生产一批产品，则要准备一次，生产两批产品，则需要准备两次，以此类推。这样，成本与批次是成比例的。要注意，就生产批次而言，它属变动成本，但就某一特定批次产品而言，它则属于固定成本。而刚才的人工准备费用，它和产品的批次成比例，但对某一批产品来讲，其是固定的值。

(3)品种级作业的重点是“品种”，是使一种产品或顾客受益的作业，其特点是作业的成本与产品种类多少成比例关系，如产品设计费。某种产品的设计费，只与本种产品有关，只使本种产品受益，与其他种类的产品无关。因此，是品种级作业。也要注意，虽然就品种而言，它是变动成本，但就特定产品而言，属于固定成本。

(4)设施级(或管理级)作业的重点是“设施”，它是为支持整体生产经营，维持产品生产能力而发生的各项作业。其特点是作业与基础设施、生产环境等直接相关，是各类产品的共同成本。如车间、厂房提取的折旧费，其与车间、厂房这些设施相关，其支持的是整个车间、厂房内的生产经营活动，属于基础设备。为生产提供必要的环境支持，而与某种产品、某批产品的单位成本无关，是所有产品的共同成本。

4.3 达融公司的经营决策

4.3.1 案例背景资料

产融结合是指产业资本和金融资本以股权关系为纽带，通过参股、控股和人事参与等方式而进行的结合。从两种资本(产业资本、金融资本)的载体来看，产业资本一般是指工商企业等非金融机构占有和控制的货币资本及实体资本；金融资本一般是指银行、保险、证券、信托、基金等金融机构占有和控制的货币及虚拟资本。产融结合是产业资本发展到一定程度，寻求经营多元化、资本虚拟化，从而提升资本运营档次的一种趋势，是产业资本与金融资本间的资本联系、信贷联系、资产证券化(股票、债券、抵押贷款或实物资产的证券化)以及由此产生的人力资本结合、信息共享等的总和。

从世界范围来看，产融结合大体上可以分为“由产到融”及“由融到产”两种形式。由产到融，是产业资本旗下，把部分资本由产业转到金融机构，形成强大的金融核心；而由融到产，是金融资产有意识地控制实业资本，而不是纯粹地入股，去获得平均回报，由融到产都会投长线产业或是巨进巨出的产业。目前我国大型集团企业产融结合的发展方式主要是“由产而融”，即多为产业集团从事金融业务，即“产业投资金融”。

为了贯彻“产融结合”战略，富士达集团在四年前成立了达融投资有限公司(以下简称达融公司)，通过并购、控股、参股等多种形式，介入证券、保险、银行等金融行业。去年年底，达融公司投资 2 亿元入股了海湾银行。海湾银行是当地一家民营商业银行，由多家民营企业共同投资发起，经银监会正式批准设立。

为了与其他银行的信用卡进行市场竞争，海湾银行推出了一种新的信用卡，称为自由行卡。范冰是银行自由行卡事业部的负责人，她想对客户盈利能力进行一个深入的分析和报告。于是她安排秘书收集一些数据资料，向她汇报不同类型的自由行卡客户的相关信息情况，秘书给他报送了如表 4-7 所示的四种类型客户的相关资料。

表 4-7　客户相关信息

项　目	客户类型			
	A 类客户	B 类客户	C 类客户	D 类客户
每年的零售采购额(元)	80 000	26 000	34 000	8 000
客户的零售交易次数(次)	800	520	272	200
支付的会员费(元)	50	0	50	0
信用卡上向银行支付利息的透支余额年平均数(元)	6 000	0	2 000	100
向银行咨询的次数(次)	6	12	8	2
由于信用卡丢失向银行更换信用卡的次数(次)	0	2	1	9

B 类客户不向银行交纳任何会员年费，因为他们的信用卡是在一个促销期间办理的，只要他们每年至少使用一次信用卡，就可以免除年费。D 类客户主要是学生群体，对于特定的高校学生群体，海湾银行也不收取信用卡的会员年费。

海湾银行实行了作业成本管理系统，所以范冰可以利用该系统进行客户获利能力的分析。上一年的相关数据信息如下：

(1)客户每一次的零售交易，需要花费海湾银行的处理成本为 0.5 元。

(2)客户每次向银行咨询需要花费海湾银行的成本为 5 元。

(3)每次更换信用卡银行需要花费 120 元。

(4)海湾银行维护每个信用卡账户需要花费的成本为每年 108 元(包括每月提供银行对账单)。

当客户使用自由行卡购物时，海湾银行可以从零售商那里收到零售额 2%的佣金。但是，上一年中，也出现了占零售额 0.5%比例的坏账。也就是说，去年一年中，海湾银行的收入是客户使用自由行卡消费金额的 1.5%。

对于客户使用信用卡的透支金额，客户需要支付 9%的利率差额。这里的利率差额是指海湾银行向客户收取的利率与银行获取资金的成本之间的差额。也就是说，如果客户透支余额为 500 元，那么海湾银行扣除资金成本之外还可以获得(500×90%)=45 元的利息净收入。

4.3.2 思考与分析

请讨论分析一下问题：

(1)根据去年的相关数据，请针对自由行卡的四种代表性客户计算并分析不同客户的盈利能力。

(2)请描述海湾银行的自由行卡客户中哪种客户盈利能力强？哪种客户是不盈利的？

(3)目前，针对客户的咨询业务以及信用卡的更换业务，海湾银行都没有收费。你觉得，银行是否应该针对这样的业务进行收费？

(4)有内部员工向范冰经理提出建议，对于那些采购额比较小的自由行卡客户，可以停止他们继续使用。对于这样的建议，范经理应该从哪些方面进行考虑？是否接受？

4.3.3 知识点提示

在现代市场经济条件下，任何一个企业要生存，都依赖于产品/服务的销售和降低产品/服务成本，而客户是产品/服务销售的对象，所以客户是企业利润的来源，客户满意是企业构建核心竞争能力的首要因素。管理会计人员也应树立以客户为中心的意识。但是，并不是所有顾客都能给企业带来利润，“80/20”管理法则原则认为，企业 80%的利润来自 20%的客户，少量的客户为企业创造了大量的利润。所以，从这样的角度出发，企业应从以产品为中心转变为以客户为中心，建立企业自己的客户中心。

首先，留住现有客户，降低客户获取成本。市场经济条件下，客户与供应商之间的关系呈现出多元化的状态，不同类型的客户的维护成本也不尽相同。部分客户不购买标准化的产品，而倾向于个性化及差异化的产品，直接导致了成本的提高。同时，竞争的加剧也使得争取一个新客户的成本会比维持一个老客户的成本要高，而且现有客户是免费的。

其次，通过服务不同的客户，增强企业竞争优势。客户把供应商、产品、服务看成整体的商品。在客户看来，这些竞争对手提供的商品基本上差不多，所以，对于竞争优势来说，那就是企业对不同的客户要采取不同的服务方法。对于那些利润高而服务成本又低的客户，这些客户应受到缜密的观察，因为他们面对竞争时很脆弱。当遇到竞争者威胁时，管理者可向他们提供价格折扣或其他特殊服务，以留住这些高获利性客户。

对于低盈利和高服务成本的客户，首先，通过引入作业成本管理，通过过程改进降低为这些客户提供服务所发生的作业成本。其次，这类客户的高服务成本可能是因为客户是新客户，大多数成本是由于发展与客户的关系产生的，这些成本将会不断减少；或是由于客户订单模式所引起的，如订单的不可预测性、非标准化的供货和交货要求、对技术和销售人员的大量需求等，公司可将这些信息传递给客户，并促使客户与公司协作，减少客户所要求的作业数，以降低成本。如果客户拒绝转变其购买或交货模式以降低服务成本，那么公司可采取诸如修正定价、降低折扣率或向专门的特色服务增加附加费用等方式增加收入。

而对于不盈利客户，在采取了上述措施后如果仍然不能给企业带来利润，公司也不应该轻易放弃这些客户。如果这些客户是企业的新客户，当初为了吸引他们成为公司长期的可盈利客户，公司曾经花费了相当多的费用。对于新客户而言，运用作业成本法分析所得出的最初亏损额可以被看作是为了取得新客户所进行投资的一部分，公司可通过随后年度里较高的业务量和更赚钱的业务组合而收回这些投资，因此公司不应该放弃这种新客户。而对于那些公司曾与之长期合作的老客户，如果公司采用了所有方法都无法将其从原来的不盈利状况转变为盈利状况，公司可以将其放弃，或者是通过拒绝向其提供折扣、减少或消除技术和市场支持等而使客户将自己“解雇”，公司就可以把腾出来的技术或市场资源用于寻找新的可盈利的客户。

最后，精确客户关系管理，优化利润增长方式。企业在进行产品营销的时候，比较麻烦的客户的服务成本就很高，也就是他们身上的利润率很低。发现客户属于哪种类型，有助于在客户管理的同时创造利润。这意味着，企业不再只注重提高市场份额，或是提高销售量，而是意识到要提高有利润的销售量。这是思路的变化，是为公司创造利润的方式的变化。选客户就像做投资一样，需要衡量如何从每一个客户那里获得最高的投资回报。管理会计通常只做两件事，一是帮助运营部门降低成本，进行运营成本的控制，二是给管理层提供报告。如今有了第三个目的——帮助销售和营销部门更好地锁定客户，识别出那些更有利可图的客户。

第 4 章参考答案

第5章

菲菲框业公司的预算管理

5.1 菲菲框业公司的全面预算管理

5.1.1 案例背景资料

刘菲是菲菲框业公司的总裁。2017 年的 11 月底的一天，刘菲和公司的高级管理层正在一起开会讨论下一年度的公司全面预算问题。刘菲总裁指出："市场竞争的压力迫使我们只有努力去开拓创新。我们原来的生产设备到今年年底折旧期满，而且到年底正好全部计提完折旧，没有残值。我们之前讨论过购买工业机器人来替代原来的旧生产设备，我现在决定公司在明年 1 月初就购买。我希望用明年一整年的时间对员工进行培训和适应，并且重组业务流程，使得工业机器人这样的新设备能够在我们公司发挥出最大的作用。"

购买工业机器人需要融资，针对融资问题，刘菲做了一些说明："购买工业机器人需要花费 950 000 元，另外还要购买 50 000 元的辅助设备。为此，我们准备向东方银行借款 1 000 000 元，我已经跟东方银行谈妥这笔借款事宜，借款期 1 年，我们可以在每个季度末以等额还本的方式分四期偿还这笔贷款，贷款的利率为 10%，贷款的利息也是在每个季度末计算并支付。"会议就这个问题基本达成一致，从而公司开始做下一年度的预算。

菲菲框业公司是一家专业设计生产金属相框产品的民营企业，工厂位于广东省东莞市。产品畅销全国各省市，以及出口至日本、美国、德国、澳大利亚、意大利等国家，还有中国的香港和台湾地区。菲菲框业公司有两条产品生产线，分别为 S 生产线(生产小画框，尺寸为 4 寸×6 寸，1 寸=0.033 米)和 L 生产线(生产大画框，尺寸为 6 寸×9 寸)。原材料主要有两种，一种是有弹性的金属条，另一种是玻璃板。S 型小画框需要 2 尺(1 尺=0.33 米)的金属条，L 型大画框需要 3 尺的金属条。考虑到玻璃板的正常损耗情况，一块玻璃板可以制作 4 个小画框或者 2 个大画框。另外还有一些辅助材料，如画框后面的垫纸等，辅助材料在整个材料成本中占的比例很小，被计入间接材料。江海涛是公司的总经理，他负责制定 2018 年的全面预算工作，所以他也收集了一些其他相关资料信息。

(1) 2017 年第四季度菲菲框业公司两类产品的预计销量为小画框 50 000 个和大画框 40 000 个。而且，根据销售经理的预测，在未来两年中，两类产品每个季度的销售额都将比上个季度增加 5 000 个。也就是说，小画框在 2018 年第一季度的预计销量为 55 000

个，大画框在 2018 年第一季度的预计销量为 45 000 个，以后每个季度以此类推地增长。

(2)根据过去几年的销售显示，菲菲框业公司 60%的销售是赊销，其余 40%的销售为现金销售。而在赊销的应收账款中，80%将在销售后的下一个季度内收回，另外 20%要在再下一个季度收回(为了计算方便，这里假设菲菲框业公司的应收账款能够 100%收回，不产生坏账)。

(3)小画框的销售价格是 10 元，大画框的销售价格为 15 元，我们假定这个销售价格在 2018 年保持不变。

(4)为了保证下一个季度的销售，每条生产线在上一个季度末都要保持一定的产成品库存。按照经验，产品生产经理一般都保留下一季度销售量的 20%作为期末产成品库存。而且，玻璃板也要有库存，一般按照下一季度生产需要量的 20%来进行原材料储存。而金属条是在当地采购的，而且供应商可以给菲菲框业公司提供 JIT(Just-in-time)及时供应，所以不需要有原料库存。

(5)所有的原材料采购都是赊购，但 80%的应付账款要在采购业务发生时的季度支付，另外 20%的应付账款要在采购业务发生后的下一个季度支付。

(6)间接材料的采购都是在采购时直接现金支付。企业的在产品忽略不计。

(7)2018 年产品生产成本预计如表 5-1 所示。

表 5-1　产品生产成本预计

编号	成本项目		成本计算	小画框	大画框
1	直接材料	金属条	小画框：2 尺×1 元/尺	2	
			大画框：3 尺×1 元/尺		3
		玻璃板	小画框：0.25×8 元(玻璃板每块单价 8 元)	2	
			大画框：0.5×8 元(玻璃板每块单价 8 元)		4
2	直接人工		0.1 小时×20 元/小时	2	
3	制造费用		0.1 工时×10 元/工时	1	1
单位产品生产成本合计				7	10

(8)企业预计的制造费用分配率为每个直接人工工时 10 元。表 5-2 是 2018 年制造费用的预算情况。

表 5-2　制造费用预算

单位：元

	第一季度	第二季度	第三季度	第四季度	2018 年全年
间接材料	10 200	11 200	12 200	13 200	46 800
间接人工	40 800	44 800	48 800	52 800	187 200
其他制造费用	31 000	36 000	41 000	46 000	154 000
折旧	20 000	20 000	20 000	20 000	80 000
制造费用总额	102 000	112 000	122 000	132 000	468 000

这些制造费用中，除了折旧不需要支付现金，其余的制造费用都要在发生的那个季度支付现金。

(9)菲菲框业公司每个季度发生营业费用和管理费用100 000元，以现金方式支付。

(10)江海涛总经理预计每个季度要宣布并发放50 000元的现金股利。

(11)菲菲框业公司2017年年底预计的简化利润表如表5-3所示。

表5-3 简化的利润表

单位：元

货币资金	95 000
应收账款	132 000
存货	
其中：原材料	59 200
产成品	167 000
固定资产净值	8 000 000
资产总计	8 453 200
应付账款	99 400
股本	5 000 000
留存收益	3 353 800
负债和所有者权益总计	8 453 200

5.1.2 思考与分析

要求：请根据上述材料，编制2018年度菲菲框业公司的全面预算，填写下面的表格。

(1)销售预算，如表5-4所示。

表5-4 销售预算

	2017	2018				
	第四季度	第一季度	第二季度	第三季度	第四季度	全年
小画框销售量						
×小画框销售单价						
小画框销售收入						
大画框销售量						
×大画框销售单价						
大画框销售收入						
销售收入总计						
现金销售*						
赊销额**						

*销售收入总计的40%。

**销售收入总计的60%。

(2)现金收入预算，如表 5-5 所示。

表 5-5　现金收入预算

	2018				
	第一季度	第二季度	第三季度	第四季度	全年
现金销售					
从当期赊销中收到的现金*					
从上期赊销中收到的现金**					
总计现金收入					

*当期赊销额的 80%。

**上期赊销额的 20%。

(3)生产预算，如表 5-6 所示。

表 5-6　生产预算

	2017	2018				
	第四季度	第一季度	第二季度	第三季度	第四季度	全年
小画框						
当期销售量						
加：期末产成品库存						
总计需要量						
减：上期预计库存量						
当期生产量						
大画框						
当期销售量						
加：期末产成品库存						
总计需要量						
减：上期预计库存量						
当期生产量						

(4)直接材料预算，如表 5-7 所示。

表 5-7　直接材料预算

	2017	2018				
	第四季度	第一季度	第二季度	第三季度	第四季度	全年
金属条：						
小画框生产量						
×单位产品金属条消耗量(尺)						
小画框生产需要的金属条						

续表

	2017	2018				
	第四季度	第一季度	第二季度	第三季度	第四季度	全年
大画框生产量						
×单位产品金属条消耗量（尺）						
大画框生产需要的金属条						
生产所需的金属条采购量（尺）						
×单位采购价格						
需要采购的金属条成本						
玻璃板：						
小画框生产量						
×单位产品玻璃板消耗量（块）						
小画框生产需要的玻璃板						
大画框生产量						
×单位产品玻璃板消耗量（块）						
大画框生产需要的玻璃板						
生产所需的玻璃板（块）						
加：预计的玻璃板期末库存					10 400	10 400
需要的玻璃板总数						
减：预计的玻璃板期初库存						
需要采购的玻璃板数量						
×玻璃板单价						
需要采购的玻璃板成本						
需要采购的原材料成本（包括金属条和玻璃板）						

（5）现金支出预算，如表 5-8 所示。

表 5-8　现金支出预算

	2018				
	第一季度	第二季度	第三季度	第四季度	全年
原材料采购：					
本期采购中需要在本期支付的部分					
上期采购中需要在本期支付的部分					
原材料采购的现金支出预算					

续表

	2018				
	第一季度	第二季度	第三季度	第四季度	全年
直接人工：					
生产的画框总数(包括大画框和小画框)					
×单位产品直接人工工时					
直接人工工时总数					
×单位工时费率					
直接人工的现金支出预算					
制造费用：					
间接材料					
间接人工					
其他制造费用					
制造费用的现金支出预算					
营业费用和管理费用支出预算					
现金支出预算总计					

(6)现金预算，如表 5-9 所示。

表 5-9 现金预算

	2018 年				
	第一季度	第二季度	第三季度	第四季度	全年
现金收入(来自表 5-5)					
减：现金支出(来自表 5-8)					
本期经营活动导致的现金变化额					
股利支付					
收到银行贷款(2018 年年初)					
购买设备					
每季度本金偿还					
每季度支付贷款利息					
当期的现金变化额					
期初现金余额					
期末现金余额					

(7)请制定 2018 年度产品生产成本和营业成本的预算(假定预计的制造费用与实际的制造费用一致)，如表 5-10 所示。

表 5-10 生产成本和营业成本预算

直接材料：		
期初原材料库存		
加：采购的原材料		
可用的原材料总计		

续表

减：期末的原材料库存		
当年使用的原材料		
直接人工：		
制造费用：		
间接材料		
间接人工		
其他制造费用		
折旧		
制造费用小计		
分配给产品的制造费用		
完工产品生产成本		
加：年初产成品库存		
可用于销售的产成品成本		
减：期末产成品库存		
产品销售成本		
分配给产品的制造费用验算：		
生产的产品数量		
单位产品的直接人工工时		
总计的直接人工工时		
单位工时的预计制造费用分配率		
总计分配给产品的制造费用		
完工产品生产成本验算：		
分产品验算	小画框	大画框
产品产量		
单位产品生产成本		
产品生产成本		
两种产品生产成本合计		
期末产成品库存验算：		
分产品验算	小画框	大画框
期末预计库存		
单位产品生产成本		
期末产成本库存成本		
两种产品期末产成品库存成本		
产品营业成本验算：		
分产品验算	小画框	大画框
销售的画框数量		
单位产品生产成本		
产品营业成本		
两种产品的营业成本合计		

(8)请编制2018年度菲菲框业公司的预计利润表(不考虑所得税)，如表5-11所示。

表5-11　2018年预计利润表

项　目	2018年度
营业收入	
减：营业成本	
毛利	
减：营业费用和管理费用	
利息费用	
净利润	

(9)请计算2018年年底菲菲框业公司的留存收益，如表5-12所示。

表5-12　2018年预计留存收益

项　目	2018年
期初留存收益	
加：净利润	
减：股利支出	
期末留存收益	

(10)请编制菲菲框业公司2018年后底的预计资产负债表，如表5-13所示。

表5-13　2018年预计资产负债表

预计资产负债表

2018年12月31日

项　目	金　额
现金	
应收账款	
存货：	
其中：原材料	
产成品	
固定资产净额	
资产总计	
应付账款	
股本	
留存收益	
负债与所有者权益总计	

5.1.3 知识点提示

全面预算是关于企业在一定的时期内（一般为一年或一个既定期间内）各项业务活动、财务表现等方面的总体预测。它包括经营预算（如研发预算、销售预算、销售费用预算、管理费用预算等）和财务预算（如投资预算、资金预算、预计利润表、预计资产负债表等）。

全面预算管理是市场经济下的计划管理，是把企业的经营目标通过正式的、量化的形式来表述出来，并概括出实现经营目标的具体步骤。企业全面预算管理可以实现以下功能。

(1) 全面预算能够细化企业发展规划和年度经营目标，它是对整体经营活动一系列量化的计划安排，有利于实现以上目标的监控执行。

(2) 通过全面预算的编制，将有助于企业上下级之间、部门与部门之间的相互交流与沟通，增进相互之间的了解，加深部门及员工对经营目标的理解和认同。

(3) 全面预算管理是实施绩效管理的基础，是对部门及员工绩效考核的主要依据，通过预算与绩效管理相结合，使部门和员工的考核真正做到“有章可循，有法可依”。

(4) 全面预算管理可合理分配资源，强化内部控制，发现管理中的漏洞和不足，降低日常经营风险。

(5) 通过全面预算，可以加强对费用支出的控制，有效降低公司的营运成本，开源节流，实现企业的经营目标。

全面预算管理的推行，能使高层管理者的职能逐渐集中于对资源的长远规划和对下级的绩效考核上，使企业内部的层级制从“形式”转变为“实质”。通过实施全面预算管理，可以明确并量化公司的经营目标，规范企业的管理控制，落实各责任中心的责任，明确各级责权，明确考核依据，为企业的成功提供了保证。可以说全面预算管理的过程，就是战略目标分解、实施、控制和实现的过程。

第 5 章第一节
参考答案

5.2 菲菲框业公司的资本预算决策

5.2.1 案例背景资料

在三年前的 2015 年 1 月 1 日，菲菲框业公司利用购买的专利和自主研发的相关技术，生产了一种电子画框。电子画框是展示数码照片而非纸质照片的相框。数码摄影必然推动电子画框的发展，因为目前全世界打印的数码相片不到 35%。电子画框就是一个相框，不过它不再用放进纸质相片的方式来展示，而是通过一个液晶屏幕来显示电子照片。它可以通过读卡器的接口从 SD 卡获取相片，并设置循环显示的方式，比普通的相框更灵活多变，也给现在日益使用的数码相片一个新的展示空间。其基本原理是外观采用普通相框的造型，把原来相框中间的照片部分换成液晶显示屏，配上电源、存储介质等，可以直接播放数码照片，使得同一个相框内可以循环播放照片。正是为了适应数码相片技术的发展，菲菲框业公司在三年前推出了电子画框新产品，并成立了专门的电子画框事业部进行独立核算，给公司带来了一定的收益。

2018 年的 1 月 1 日，产品的生产设备发生了故障，无法继续使用了。电子画框事业部门的经理向公司申请资金 320 000 元，用于购买新设备。公司管理层需要考虑是否购买新设备来维持电子画框的生产，或者彻底关闭电子画框产品的生产。电子画框事业部去年的利润表情况如表 5-14 所示。

表 5-14　电子画框事业部 20×7 年度利润表

项　　目	金额（元）		
营业收入（60 000 件）			1 200 000
营业成本：			
变动生产成本		770 000	
固定生产成本			
机器折旧	30 000		
专利权摊销	25 000		
机器维护费用	20 000		
厂房使用费	20 000		
管理人员薪酬	55 000		
其他固定成本	15 000		
固定生产成本总额		165 000	
变动销售费用		130 000	
总成本			1 065 000
营业利润			135 000

电子画框事业部 2017 年年底资产的账面价值如表 5-15 所示。

表 5-15　电子画框事业部相关资产情况

单位：元

项　　目	金　　额
现金	190 000
机器设备	60 000
专利权	125 000
总计	37 500

如果菲菲框业公司继续电子画框的生产和销售，预计产品的贡献毛益（Contribution Margin）在未来的五年中能够保持不变。

为了生产该电子画框，公司在 3 年前购买了一项专利，花费 200 000 元。该专利权每年按照 25 000 元在寿命期内进行摊销（如表 5-14 所示）。如果公司现在停止电子画框的生产，该专利权目前还可以以 235 000 元的价格出售给外部购买者（如果再使用 5 年，专利保护期满，就不能再获得转让的收入）。

目前的机器是在 3 年前购买的，购买成本为 150 000 元，该设备采用直线折旧法在 5 年内计提折旧，预计无残值。当前，由于已经发生故障无法使用，该机器可以处置获得现金收入 4000 元。

新设备购买后的使用寿命期为 5 年，计算折旧时按照预计无残值处理，采用直线折旧法计提折旧。五年后，该机器预计可以获得处置现金收入 50 000 元。新机器的每年维护成本为 25 000 元。

电子画框事业部需要使用 1000 平方米的厂房，菲菲框业公司向电子画框事业部按照每平方米 20 元的价格收费。如果电子画框产品停止生产，公司可以用每平方米 20 元的价格对外出租。

如果电子画框事业部停止生产，其管理人员将到公司其他部门作为经理助理开展工作，预计支付的工资为 55 000 元。

其他固定成本项目包括保险费、间接人工费用等。如果电子画框产品保持继续生产，这些项目将保持不变，如果停止生产，这些费用将不再发生。

公司要求的最低报酬率为 12%，所得税税率为 30%。

5.2.2 思考与分析

请分析讨论以下问题。

(1) 以净现值 NPV 作为评判标准，菲菲框业公司是应该购买新设备还是停止生产电子画框项目？请做出相关财务分析，并列出你分析时所做的相关假设。如果你的假设条件发生变化，NPV 的计算结果会受到什么样的影响？请做出敏感性分析。

(2) 在做出决策之前，除了考虑财务指标，公司还需要考虑哪些非财务因素或定性因素？

5.2.3 知识点提示

在确定投资项目的相关现金流量时，应遵循一条基本的原则，即只有增量现金流量才是与项目相关的现金流量。所谓增量现金流量，是指接受或拒绝某个投资项目后，企业的总现金流量因此发生的变动。只有那些由于采纳某个项目引起的现金支出增加额，才是该项目的现金流出，同样，也只有那些由于采纳某个项目引起的现金流入增加额，才是该项目的现金流入。

为了正确计算投资方案的增量现金流量，需要正确地判断哪些支出会引起企业总现金流量的变动，哪些支出不会引起企业总现金流量的变动。在进行判断时，要注意考虑区分相关成本和非相关成本。

相关成本是指与特定决策有关的、在分析评价时必须加以考虑的成本，如差额成本、未来成本、重置成本、机会成本等都属于相关成本。与此相反，与特定决策无关的、在分析评价时不必加以考虑的成本是非相关成本，如沉没成本、过去成本、账面成本等往往都是非相关成本。如果把非相关成本纳入投资方案的总成本，则一个有利的方案可能因此变得不利，一个较好的方案可能变为较差的方案，从而造成决策错误。

在投资方案的选择中，如果选择了一个投资方案，则可能要放弃投资于其他途径的机会，此时，其他投资机会可能取得的收益则是实行本方案所必须付出的一个代价，这也就是实行本方案的机会成本。机会成本不是普通意义上的“成本”，它不是一种支出或者费用，而是失去的收益。这种收益不是实际发生的，而是潜在的。机会成本总是针对某个具体方案的，离开被放弃的方案就无从计量确定。

另外，当采纳一个方案之后，可能还会对公司的其他部门造成有利或不利的影响。例如，若新建某车间生产的产品上市后，原有产品的销路可能会有所减少，而整个企业的销售额也许不增加甚至减少，因此，企业在进行投资分析时，不应将新车间的销售收入作为增量收入来处理，而应扣除其他部门因此减少的销售收入。当然，也有可能产生相反的情况，新产品上市后促进了其他部门的销售增长，在这种情况下，其他部门增加的销售收入当然也要在投资分析中作为增量现金流量来考虑。

在本案例中，要特别考虑原有机器购买成本 150 000 元、该机器现在处置获得现金收入 4000 元，以及由于处置旧机器造成的亏损所带来的所得税影响，这些因素是否是本项目决策时的相关成本？

第 5 章第二节参考答案

第 5 章第二节计算过程

第三部分　扩展阅读篇

第6章

中联科兴集团公司内部绩效管理办法的改进

6.1 案例背景

中联科兴集团公司是我国一家大型集团企业，其主营业务包括电子信息产业、房地产业、金融服务业、交通运输业。公司下设四个事业部，分别是电子信息事业部、房地产事业部、金融服务事业部和交通运输事业部，每个事业部下面又有多个子公司和分支机构，共计 20 个。截至 20×8 年，集团公司总资产为 168.2 亿，公司员工总数为 18 352 人。

第 6 章 案例导读

目前，中联科兴集团公司对下设 20 家子公司的绩效评价方法主要是根据企业生产经营的特点，结合公司的发展目标设计评价指标进行年度考核，整个评价体系相对比较简单。具体的评价指标如表 6-1 所示，表中的目标值、完成值和得分是上一年针对其中一个子公司考核结果的情况。

表 6-1　中联科兴集团公司对下属子公司的年度考核计分表

维　　度	指　　标	单位	基本分	目标值	完成值	得分
经营业绩	营业收入	万元	30	20 000	21 830	30+2
	净利润	万元	20	1200	1180	19
财务指标	净资产收益率	%	10	15	16.91	10+1
	营业收入增长率	%	10	60	62.6	10+1
	资本保值增值率	%	10	1.1	1.21	10+1
	应付账款周转天	天	10	100	238	10
	流动比率	%	10	1.6	0.45	2
总计得分		96				

从表 6-1 中可以看出该集团公司作为评价主体对评价客体子公司的绩效评价主要存在以下问题。

(1) 侧重对子公司绩效的考核与评价，对子公司具体人员的考核评价不够系统和全面，而且也没有建立激励机制。

(2) 绩效考核评价以财务指标为主，非财务类指标体系尚未有效建立。而且考核中的财务指标过少，不能充分反映企业的财务业绩。考核中强调定量考核，对定性考核内容涉及不多。考核以结果性考核为主，对过程性考核关注不够。

(3)财务指标多为经营成果指标，过分重视短期的财务业绩。这样一味地强调短期财务成果会助长经营者盲目追求高财务指标，仅注重眼前利益，使得经营者不愿进行科技创新和员工培训，不愿为公司长远利益进行考虑和准备。

(4)分值确定不够科学，而且所得分数是靠主观评定，没有建立一套合理的评分体系。

(5)对企业利益相关者的关注不够，企业的利益相关者包括有股东、债权人、政府、社会、经营者和员工等。该评价指标体系对有的利益相关者根本就没有涉及，对有的利益相关者也只是用单一指标进行评价。

(6)中联科兴集团公司是国有企业，而其绩效评价体系只注重子公司的经营业绩，没有考虑子公司所应该承担的社会责任。子公司不仅属于集团公司，也要为社会做出贡献，对子公司的评价应该建立在能够体现社会责任的评价体系。

6.2 基于平衡计分卡和利益相关者理论的绩效考核思路

6.2.1 平衡计分卡的基本原理

平衡计分卡将企业的远景和战略转化为绩效评价指标，以此来引导企业的行动计划和具体行为，最终实现对企业战略经营绩效的评价。在信息时代，无形资产成为驱动企业长期成功并获得未来绩效的关键因素，平衡计分卡将这些因素归结为客户、内部流程和学习成长三个方面，并相应设计具体的绩效评价指标，注重指标之间的因果关系，注重对企业未来发展能力的评价。而目前很多企业的绩效评价还停留在财务绩效评价阶段，绩效评价主要集中于事后控制，过分注重短期经济效益，缺乏至关重要的事前规划和事中控制，对企业未来发展能力的评价体现很少，不利于企业的可持续发展。因此，在绩效评价指标体系的设计中，可以借鉴平衡计分卡的指标设计，并力求结合事前规划和事中控制，从而促使企业注重过程管理和长远发展。

6.2.2 利益相关者的诉求

现代企业是多边契约关系的总和，拥有众多的利益相关者，包括股东、债权人、职工、经营者、供应商、顾客、政府和社会等。利益相关者理论认为：对于一个企业来说，能否获得长期生存和繁荣的最好途径是考虑其所有重要的利益相关者并满足他们的需求。而且在考虑利益相关者的需求时，只注重一部分表面上更具有影响力的利益相关者，如股东和客户，而忽视其他利益相关者需求的做法将是一种不恰当的行为。因此企业在设定绩效评价指标体系时，应该考虑不同利益相关群体的需要。从只关心一个或两个利益相关者的观念中转变过来，逐步关心企业所有重要的利益相关者。因此，这里所要设计的绩效评价指标体系，主要考虑了体现股东、债权人和政府利益的财务指标，体现顾客和供应商满意程度的客户关系指标，体现经营者管理能力和经营过程中所做社会贡献的内部流程指标，以及体现技术创新能力和员工发展的学习与成长指标。

6.2.3 评价指标体系的构建思路

按照上述平衡计分卡和利益相关者理论的理念，可以设计典型的集团公司绩效评价指标体系，如表 6-2 所示。设计的评价指标体系包括三个层次。

表 6-2 典型的绩效评价指标体系

维度	满足的利益相关者	主要指标	指标解释
财务维度	股东	净资产收益率	净利润/所有者权益
		资本保值增值率	年末股东权益/年初股东权益
		盈余现金保障倍数	经营活动现金净流量/净利润
		每股收益	每股收益/普通股数
		资本三年平均增长率	(年末股东权益/三年前年末股东权益) 1/3-1
	债权人	资产负债率	负债总额/资产总额
		流动比率	流动资产/流动负债
		利息保障倍数	经营活动现金净流量/利息费用
		已获利息倍数	息税前利润/利息费用
		现金流量债务比	经营活动现金净流量/负债总额
	政府	营业收入税费率	(所得税+营业税金及附加)/营业收入
		总资产税费率	(所得税+营业税金及附加)/总资产
客户维度	顾客	营业收入增长率	(本期营业收入-上期值)/上期营业收入
		顾客保持率	本期顾客数量/上期顾客数量
		顾客满意度	定性指标
	供应商	供应商满意度	定性指标
		应付账款周转天数	营业成本×365/应付账款
内部流程	经营者	总资产周转率	年营业收入/总资产
		流动资产周转率	年营业收入/流动资产
		产品合格率	合格产品产量/产品总产量
		产品及时完工率	年产成品总量/年产总量
	社会	劳动效率	年营业收入/职工人数
		就业岗位比率	职工人数/总资产
		社会公益捐赠比率	社会公益捐赠额/资产总额
		环保指数	依据企业具体的生产耗能而定
学习成长	企业未来	技术投入比率	科技支出总额/营业收入
		创新成功率	成功创新费用/年研发费用
	员工	员工满意度	定性指标
		员工培训费率	员工培训支出/营业收入
		员工学历水平	大学以上学历人数/职工总数

(1) 借鉴平衡计分卡的理念，分为四个维度，分别是财务维度、客户维度、内部流程和学习与成长。

(2) 基于利益相关者理论所设计的企业应该满足的利益相关者，包括股东、债权人、政府、顾客、供应商、经营者、社会和员工等。而且还加入了一个利益相关者即企业的未来，这里认为企业的未来是企业一个重要的利益相关者，这个指标能够促进企业注重长远发展。其中，股东、债权人和政府属于财务维度，用一些财务指标来量化；顾客和供应商属于客户维度，用一些定量指标和定性指标来评价；经营者和社会属于内部流程维度，从而能够评价经营者在生产经营过程中的管理能力和企业对社会所做出的贡献；企业未来和员工属于学习与成长维度，从而能够评价企业是否注重未来的发展。

(3) 每个利益相关者所关注的指标。有的指标对于企业和利益相关者都是有利的，如净资产收益率。但有的指标对企业和利益相关者的利益是反向的，如应付账款周转天数和劳动效率。应付账款周转天数对于企业来说是越大越好，但对于供应商则希望是越小越好。劳动效率对于企业肯定是越大越好，但过高的劳动效率不利于促进社会的就业，企业应该主动承担社会责任，多招聘一些员工。这在具体评价时，既要考虑企业利益也要考虑利益相关者的利益，因此需要给出一个合理值，超过这个值则认为企业经营不好。还有的指标本身就是适度指标，如资产收益率。但考虑到债权人的利益，这个指标给出的合理值就要比一般认为的正常值小。

通过所设计的评价指标体系对集团公司的各子公司进行评价，根据各子公司评价结果来整体评价集团公司的经营绩效，并对各子公司的评价结果进行排序。整个指标评价体系既借鉴了平衡计分卡的优秀理念，又考虑了企业利益相关者的诉求，具有一定的创新性和科学性。整个体系包含了财务指标和非财务指标、定量指标和定性指标、短期绩效指标和长远利益指标以及经营活动指标和社会责任指标，能够对企业的经营发展状况和利益相关者的诉求进行全面合理的评价，能够促使企业注重长远发展并主动承担相应的社会责任。

6.2.4 中联科兴集团公司绩效评价指标体系的重建

中联科兴集团公司对子公司现有的绩效评价指标体系对子公司利益相关者的关注不够，不能够体现相应的社会责任。因此，对中联科兴集团公司绩效评价指标体系的重建，就要从利益相关者的角度审视子公司的经营业绩。

前面已经详细介绍了基于利益相关者理论和平衡计分卡所设计的集团公司对子公司绩效评价的指标体系，现在运用该指标体系并根据中联科兴集团公司的实际情况，设计中联科兴集团公司对其子公司的绩效评价指标体系，如表 6-3 所示。这里为了计算的方便，对上一部分所设计的集团公司对子公司绩效评价的指标体系进行了精简，去掉了一些定性指标，只留下了定量指标，而且这些定量指标大多可以通过财务报表的数据进行计算。

表 6-3 中联科兴集团公司对子公司绩效评价指标体系

目标层	一级指标	二级指标	利益相关者关系
子公司绩效评价 A	财务维度 B_1	净资产收益率 C_1	股东
		资本保值增值率 C_2	
		利息保障倍数 C_3	债权人
		总资产报酬率 C_4	股东与债权人
		营业收入税费率 C_5	政府
	客户维度 B_2	客户满意度 C_6	顾客
		客户保持度 C_7	
	内部流程 B_3	总资产周转率 C_8	经营者
		盈余现金保障倍数 C_9	
		产品合格率 C_{10}	
		产品及时完工率 C_{11}	
	学习成长 B_4	员工培训费率 C_{12}	员工
		员工学历水平 C_{13}	

6.3 集团公司绩效考核的多属性决策方法及其应用

6.3.1 多属性决策方法

1. 多属性决策方法的基本要素

多属性决策方法，主要解决的是具有多个属性(指标)的有限决策方案的优选或排序问题，因此又被称为有限方案多目标决策。在社会、经济、管理和工程等领域中，广泛存在着多属性决策问题。在企业的绩效评价问题中，也往往采用多属性决策方法来进行绩效评价对象的绩效考核。

一般来说，多属性决策问题都包含有四个要素，分别是决策单元、目标集、属性集和决策准则。

(1)决策单元：决策人是指制定决策的人，他们是一个人或一群人的决策群。

(2)目标集：对于多属性决策问题，必须有可以比较选择的多个方案。如目标集 $P=(P_1,P_2,\cdots,P_m)$，说明有 m 个可行方案可供选择或比较。

(3)属性集：对于每个目标，都设定一个属性集，决策者基于属性值的大小来做出最后的决策。如属性集为 $X=(x_1,x_2,\cdots,x_n)$，则说明每个备选方案都有 n 个属性 $x_i(i=1,2,\cdots,n)$。

(4)决策准则：决策中用于评判排列方案的优劣次序的规则称为决策准则，它是判断备选方案的有效性或好坏的标准。

2. 多属性决策方法的基本流程

多属性决策方法主要包括三部分工作，即决策矩阵规范化、属性权重确定和方案综合排序，如图 6-1 所示。

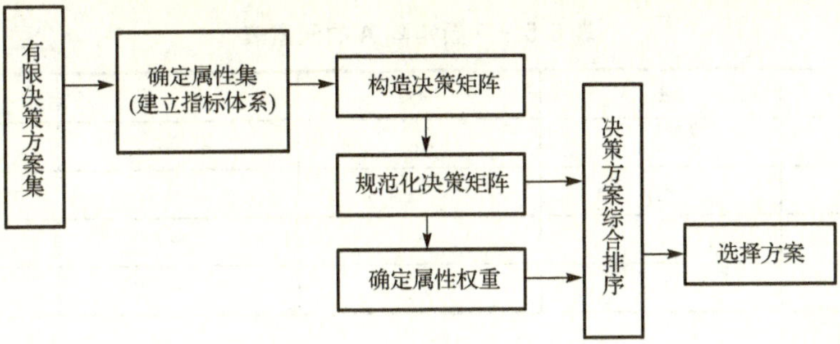

图 6-1　多属性决策问题求解的一般过程

6.3.2　层次分析法的基本思想

层次分析法是1973年由美国运筹学家匹兹堡大学教授T. L. Saaty针对现代管理中存在的许多复杂、模糊不清的相关关系如何转化为定量分析的问题而提出的一种层次权重决策分析法(AHP)，这是一种简明、实用的定性分析与定量分析相结合的系统分析与评价的有效方法。这种方法在物流集成商的评价中也得到了广泛的应用。层次分析法主要有以下几个基本思路。

1. 建立递阶层次结构

在对所面临的问题进行深入分析后，将问题中所包括的因素划分为不同层次，如目标层、指标层、方案层、措施层等，用框图形式说明层次的递阶结构与因素的从属关系。

2. 构造判断矩阵

建立递阶层次结构以后，上下层之间因素的隶属关系就被确定了。设因素 C_K 下属几个因素 $A_1,A_2,\cdots,A_n$；请评价人员以会议讨论或以 Delphi 法的方式对下层因素 A_i 和 $A_j(i,j=1,\cdots,m)$ 进行两两比较，根据其相对重要程度赋予 1～9 的比例标度，如表 6-4、表 6-5 所示。

表 6-4　比例标度的意义

标度值	两个因素相比，一个因素比另一个因素的重要程度
1	同样重要
3	稍微重要
5	明显重要
7	强烈重要
9	绝对重要
2，4，6，8 为上述相邻判断的中值 若 A_i 与 A_j 比较得 a_{ij}，则 A_j 与 A_i 相比得 $a_{ji}=1/a_{ij}$	

由此，可以得到 C_K 下的判断矩阵 $A=(a_{ij})_{n\times n}$

表 6-5　判断矩阵 A 的元素表

C_K	A_1	A_2	…	A_n
A_1	1	A_{12}	…	A_{1n}
A_2	A_{21}	1	…	A_{2n}
…	…	…	…	…
A_n	A_{n1}	A_{n2}	…	1

3. 计算排序权重

采用幂法求解特征值的问题：

$$AW = \lambda_{\max} w$$

步骤如下：

1）设一与判断矩阵同阶的正规化初始向量 $W^0=[1/n,1/n,\cdots,1/n]^{\mathrm{T}}$；

2）对于 $k=0,1,2,\cdots$计算 $W^{k+1}=AW^k$；

3）令 $\beta=\sum_{i=1}^{n} W^{k+1}$，计算 $W^{k+1}=W^{k+1}/\beta$（正规化）；

4）对于预先给定的精确度 ε，当 $\lambda_{\max}\left|W_i^{k+1}-W_i^k\right|<\varepsilon$ 成立时，则计算停止，取 $W=W^{k+1}$，否则继续进行 2）；此时

$$\lambda_{\max}=\left[\sum_{i=1}^{n}(W_i^{k+1}/W_i^{k})\right]/n$$

W 即为 $A_1,A_2,\cdots,A_n$ 在 C_k 下的排序权重。

4. 一致性检验

人们对复杂的各种因素采用两两比较时，不可能做到判断完全一致性，而存在估计误差，这必然导致特征值和特征向量也有偏差。因此，为了保证应用 AHP 法得到结论的合理化，需要判别矩阵的一致性。要进行一致性检验，具体有以下几个步骤。

（1）计算一致性指标 CI

$$CI=\frac{\lambda_{\max}-n}{n-1}$$

（2）参照表 6-6，得到平均随机一次性指标 RI，RI 是多次（>500 次）重复进行随机判断矩阵特征值的计算后取算术平均值得到的。

表 6-6　重复计算 1000 次的 RI

n	1	2	3	4	5	6	7	8	9	10	11	12
RI	0.00	0.00	0.52	0.89	1.12	1.26	1.36	1.41	1.46	1.49	1.52	1.54

（3）计算一致性比例 $CR=CI/RI$，当 $CR<0.1$ 时，一般认为 A 的一致性是可以接受的，否则需要调整 A，直到达到满意的一致性为止。

重复上述计算过程，便可确定各项评价因素的权重。

6.3.3 应用层次分析法确定中联科兴集团评价指标权重

表 6-7 是利用层次分析法确定的中联科兴集团绩效考核指标体系的权重。

表 6-7 中联科兴集团公司对子公司绩效评价指标的权重

目 标 层	一 级 指 标	二 级 指 标	权 重
子公司绩效评价 A	财务维度 B_1 0.4726	净资产收益率 C_1	0.1181
		资本保值增值率 C_2	0.2127
		利息保障倍数 C_3	0.0567
		总资产报酬率 C_4	0.0567
		营业收入税费率 C_5	0.0284
	客户维度 B_2 0.1437	客户满意度 C_6	0.0601
		客户保持度 C_7	0.0836
	内部流程 B_3 0.2252	总资产周转率 C_8	0.048
		盈余现金保障倍数 C_9	0.0572
		产品合格率 C_{10}	0.0628
		产品及时完工率 C_{11}	0.0572
	学习成长 B_4 0.1585	员工培训费率 C_{12}	0.0686
		员工学历水平 C_{13}	0.0899

6.3.4 构造决策矩阵并进行规范化处理

1. 规范化处理的常用方法

根据设计的指标体系，获得各被评价子公司的原始数据值。但是，由于各指标原始数据的取值范围和度量单位不一样，因此无法对其直接进行比较。按照多属性决策的要求，控制变量必须折算成同量纲。因此，在运用多属性决策计算前，需要对原始数据进行规范化处理(或称标准化处理、无量纲化处理)，把控制变量的数据转换为[0，1]区间的值，并且要求取越大越好型、无量纲的可比较的值。常用的数据规范化处理方法有以下三种。

1)极差变换方法

对于效益型指标，定义为：

$$r_{ij}=\frac{x_{ij}-f_j^{\vee}}{f_j^{\wedge}-f_j^{\vee}}$$

对于成本型指标，定义为：

$$r_{ij}=\frac{f_j^{\wedge}-x_{ij}}{f_j^{\wedge}-f_j^{\vee}}$$

其中，$f_j^{\wedge}=\max\limits_{1\leqslant i\leqslant m} x_{ij}>0$，$f_j^{\vee}=\min\limits_{1\leqslant i\leqslant m} x_{ij}>0$。

这种标准化方法的优点是：①$0\leqslant r_{ij}\leqslant 1$，（$1\leqq j\leqq n$，$1\leqq i\leqq m$）；②对于每一个指标，总有一个最优值为 1 和最劣值为 0。这符合突变级数评价法的要求。

2）线性比例变换方法

对于效益型指标，定义为：

$$r_{ij}=\frac{x_{ij}}{f_j^{\wedge}}$$

对于成本型指标，定义为：

$$r_{ij}=\frac{f_j^{\vee}}{x_{ij}}$$

这种标准化方法的优点有：①$0\leqslant r_{ij}\leqslant 1$，（$1\leqslant j\leqslant n$，$1\leqslant i\leqslant m$）；②计算方便；③保留了相对排序关系。

3）向量归一化方法

$$r_{i,j}=\frac{x_{ij}}{\sqrt{\sum_{i=1}^{m} x_{ij}^2}}$$

这种标准化处理方法的优点有：①$0\leqslant r_{ij}\leqslant 1$，（$1\leqslant j\leqslant n$，$1\leqslant i\leqslant m$）；②对于每一个指标 f_j，矩阵 R 中列向量的模为 1，因为：

$$\sum_{i=1}^{m} r_{ij}^2=1 \qquad (1\leqslant j\leqslant m)$$

2. 指标数据及规范化决策矩阵的获取

考虑到数据的可得性，这里选取了 AB 集团公司下属 20 家子公司的数据进行案例分析。这里选取了上一年度这些子公司的数据进行计算。其中净资产收益率 C1、资本保值增值率 C2、利息保障倍数 C3、总资产报酬率 C4、营业收入税费率 C5、总资产周转率 C8、盈余现金保障倍数 C9 由财务数据直接获得，客户满意度 C6、客户保持度 C7、产品合格率 C10、产品及时完工率 C11、员工培训费率 C12、员工学历水平 C13 等由集团公司相关职能管理部门提供。其中员工培训费率是指员工培训支出占营业收入的百分比，员工学历水平是指大专以上学历员工占员工的百分比。

获得了 20 家子公司各项指标的原始数据之后，要对其进行标准化处理。这里采用极差变换方法对数据进行处理。表 6-7 列出的指标均为效益型指标，因此标准化方法为：

$$r_{ij}=\frac{x_{ij}-f_j^{\vee}}{f_j^{\wedge}-f_j^{\vee}}$$

其中，$f_j^{\wedge}=\max\limits_{1\leqslant i\leqslant m} x_{ij}>0$，$f_j^{\vee}=\min\limits_{1\leqslant i\leqslant m} x_{ij}>0$。然后，在表 6-7 的指标中，有的公司取值却为

负值(如亏损后净资产收益率就是负值)，从而使得标准化处理的效果受到影响。另外，某些公司个别指标值如果异常的大或者异常的小，也会影响到标准化处理的结果。例如，某企业净资产收益率异常高，达到60%，如果取其作为 $f_j^{\wedge}$，则另一家净资产收益率为30%的企业，其标准化处理后的得分结果就会较低，而事实上，30%的净资产收益率应该是很好的财务结果，应该得到较高的得分。因此，这里针对每个指标根据原始数据和经验判断来确定一个最高的 $f_j^{\wedge}$ 和最低的 $f_j^{\vee}$，当某指标实际值超过 $f_j^{\wedge}$ 时，就按 $f_j^{\wedge}$ 处理，当某指标实际值小于 $f_j^{\vee}$ 时，就按照 $f_j^{\vee}$ 处理，这样可以消除某些公司偶然情况导致的指标异常偏差值。表 6-8 为各项指标的经验取值 $f_j^{\wedge}$ 和 $f_j^{\vee}$。

表 6-8　各项指标最大值和最小值的经验取值

评价指标	$f_j^{\wedge}$	$f_j^{\vee}$	评价指标	$f_j^{\wedge}$	$f_j^{\vee}$
净资产收益率 C1	30%	0	总资产周转率 C8	300%	0
资本保值增值率 C2	50%	0	盈余现金保障倍数 C9	500%	100%
利息保障倍数 C3	10	1	产品合格率 C10	100%	实际值
总资产报酬率 C4	30%	0	产品及时完工率 C11	100%	实际值
营业收入税费率 C5	8%	0	员工培训费率 C12	实际值	实际值
客户满意度 C6	实际值	实际值	员工学历水平 C13	实际值	实际值
客户保持度 C7	实际值	实际值			

根据标准化处理公式及表 6-8 规定的各指标最大值和最小值的经验取值，可以对 20 家子公司的原始数据进行标准化处理，表 6-9 是标准化处理后的各公司各指标数值。

表 6-9　中联科兴集团公司 20 个子公司绩效评价指标数值标准化处理结果

指标	C1	C2	C3	C4	C5	C6	C7	C8	C9	C10	C11	C12	C13
A1	0.3423	0.1283	0.5457	1.0000	0.8333	0.5936	0.3864	0.6962	0.2694	1.0000	0.0000	0.0000	0.2661
A2	0.1405	0.2515	0.4629	0.1941	0.3611	0.4456	0.3077	0.6679	0.5346	0.0582	0.1313	1.0000	0.5780
A3	0.3155	0.0000	0.0080	0.0818	1.0000	1.0000	0.1538	0.5741	0.9112	0.0000	0.0000	0.0321	0.0000
A4	0.1292	0.1137	0.3501	0.0574	1.0000	0.5348	0.0000	0.4743	0.4515	0.3770	0.1602	0.5398	0.2392
A5	0.8124	0.3553	0.6969	1.0000	0.3889	0.9538	1.0000	0.5882	0.1989	0.4253	0.0637	0.7067	0.8323
A6	0.3095	3.8840	0.7730	0.0000	0.3333	0.4002	0.1538	0.7075	0.3791	0.0000	0.0000	0.0000	0.3182
A7	0.1752	0.0000	0.0000	0.3907	0.0278	0.3123	0.2308	0.5917	0.3504	0.0000	0.1282	1.0000	0.2099
A8	0.1306	0.9896	0.9929	0.0000	0.0278	0.5161	0.4615	0.7964	0.6392	0.0000	1.0000	0.8398	0.8151
A9	0.2782	0.0000	0.5938	0.0000	0.3333	0.3602	0.7692	0.2453	1.0000	0.0000	0.0000	0.0000	0.2746
A10	0.2563	0.2276	0.4607	0.2114	0.7222	0.4753	0.3077	0.3180	0.5759	0.5980	0.2657	0.8453	0.1341
A11	0.6603	0.0000	0.6558	0.0000	0.8611	0.1975	0.3846	0.5893	0.2639	0.0000	0.0000	0.0000	1.0000
A12	0.2284	0.0000	0.9510	0.0000	0.6944	0.3778	0.2308	0.0000	0.8513	0.0000	0.0000	0.0000	0.2679
A13	0.2982	0.1269	0.7866	0.0194	0.9167	0.4056	0.5385	1.0000	0.1162	0.1521	0.0346	0.0256	0.3542
A14	0.3514	0.0000	1.0000	0.0000	0.8889	0.5333	0.3077	0.4756	0.5922	0.0000	0.0000	0.0000	0.0881
A15	0.7692	0.0000	0.2488	0.0000	0.5833	0.0000	0.4615	0.6116	0.2648	0.0000	0.0000	0.0000	0.0918
A16	1.0000	0.1994	0.3361	0.0000	0.1111	0.2749	0.0769	0.5180	0.3608	1.0000	0.0000	0.1599	0.3631

续表

指标	C1	C2	C3	C4	C5	C6	C7	C8	C9	C10	C11	C12	C13
A17	0.3923	0.0000	0.1472	0.0000	0.0278	0.6476	0.3077	0.8563	0.1532	0.0000	0.0000	0.0000	0.2696
A18	0.3423	0.4283	0.5457	1.0000	0.8333	0.5936	1.0000	0.1512	0.4880	1.0000	0.1682	0.8683	0.9311
A19	0.0668	0.0000	0.4662	0.2276	0.7500	0.5630	0.0769	0.6542	0.5555	0.1534	0.1984	0.1771	0.0310
A20	0.9615	0.2302	0.3344	0.0077	0.4167	0.4456	0.2308	0.6962	0.2694	1.0000	0.0000	0.0000	0.2661

6.3.5 综合绩效评价结果的计算

各位同学，案例进行到这里，是不是可以很容易地计算出各个子公司的综合绩效了？其实，只要用指标权重乘以规范化处理后的各个指标值，然后相加，就可以得到每个子公司的综合绩效值。绩效值越高，说明综合绩效越好，反之则绩效越差。

请各位同学动手算一算，在 20 家子公司中，到底哪些公司的综合绩效比较好？而哪些公司的绩效排名落后？

第 7 章

作业成本法在欣盛塑编公司的应用

7.1 案例背景

7.1.1 作业成本与作业管理

作业成本法(Activity-Based Costing，ABC)与战略成本管理紧密相连。作业成本法根据产品或客户所消耗的资源，将资源分配给产品或客户，它显示了作业如何消耗资源以及产品或客户如何引发作业。作业成本法产生的基础以及它的一些特点，如促进成本分配的精确化、能提供成本信息的决策相关性、提供有意义的非财务信息、拓展成本服务的范围等，表明了与现代企业相适应的成本管理制度应是建立在作业管理基础上的。

第 7 章 案例导读

随着作业成本法在世界范围的研究与推广，以“作业”为中心的管理思想——作业管理(Activity-Based Management，ABM)正在形成。作业管理是把管理重心深入到作业层次的一种新的管理理念，同时也是战略成本动因分析的具体运用。它尽可能消除“不增值作业”，改进“增值作业”，优化“作业链”和“价值链”，从财务和经营两个方面对业绩进行评价，从而达到持续降低成本的目标，最终增加“客户价值”和“企业价值”，它要求将企业的资源投入到那些能带来最大战略意义的作业之中。

作业成本法对成本领先的经营战略至关重要，因为它辨别了关键作业、成本动因及为降低成本而改善过程的途径。它帮助管理者发现价值增加机会，还能够帮助管理者发展客户战略、支持技术领先战略或者建立价格战略。实施作业成本法可能带来的收益包括：提供更为精确的成本，为定价策略提供相应的成本信息，加强对成本有效的管理和控制，改善市场营销策略，提高产品的盈利性，进行产品和客户盈利性的有效分析，完善成本控制，提供准确的业绩指标，促进企业管理水平的提高。

本案例正是从这个角度出发，以战略成本管理的思维，结合塑编行业的特点和企业实际情况，在对作业成本法进行深入研究的基础上，对欣盛公司实施作业成本法进行分析与设计，为解决我国塑编行业普遍存在的成本核算不准、成本居高不下、市场竞争力下降等问题提供一些参考。

7.1.2 我国塑编行业的现状分析

塑编行业是伴随世界塑料工业而发展起来的以聚烯烃为原料的塑料编织行业，是典型的劳动密集型行业。它于第二次世界大战前后最早在日本及欧洲等西方国家开始生产，以后随着世界范围内产业结构的调整，20 世纪七八十年代该行业的生产中心转移到韩国和中国台湾地区。我国从 20 世纪 70 年代后半期开始涉足塑编工业生产，至今已走过二十多年的历程。二十多年来，伴随着塑编设备的引进、消化和吸收，我国塑编行业也从无到有、从小到大，迅速发展壮大起来。从当初只能生产用于化肥、化工产品、粮食包装的单一包装袋，发展到现在已能大量生产多用途、多品种的柔性集装袋，各种规格覆膜与不覆膜佔布、彩条布、饲料袋、手提袋、土工布、地毯基布、各种水泥包装袋，以及各种网眼袋等，基本上满足了市场的需求。据统计，我国是世界上塑编产品第一生产大国和出口大国，至此，我国的塑编产品与国外相比，具备了品种、劳动力、设备、技术等方面的优势，在国际上具有一定的竞争力。但是，由于塑编行业本身属于劳动密集型行业，在资金、技术、知识等方面进入行业门槛较低，且我国具有劳动力成本的独特优势，加之行业规范不力，近几年盲目上马了一大批新的塑编企业，使本已呈饱和状态的我国塑编市场雪上加霜，一直处于供大于求、市场竞争激烈、无序的状态。据不完全统计，目前我国共有塑编企业 2 万多家，年产各类塑料编织袋超过 100 亿条，严重地供过于求，陷于无序的恶性价格竞争中。燕京欣盛塑编有限公司就诞生在我国塑编行业快速成长的时期，她经历了我国塑编行业快速成长所带来的成功和喜悦，但她也和我国塑编行业一道正在承受着巨大的市场压力，遭受着恶性价格战的痛苦煎熬。

7.2 欣盛公司的成本管理现状及问题的提出

7.2.1 燕京欣盛塑编有限公司简介

燕京欣盛塑编有限公司(以下简称欣盛公司)成立于 1991 年 3 月，是燕京石化公司下属的第三产业，主要为燕京石化公司供应塑编袋。公司现有员工 500 余人，拥有净资产 9762 万元人民币。公司主要生产聚丙烯普通、纸塑复合、彩印编织袋、礼品袋、柔性集装袋等，其中彩印塑料编织袋规格齐全、印刷精美、拉伸强度高、耐腐蚀、防晒，在同行业中处于领先地位，产品销往全国各地，并远销美国、澳大利亚、巴拿马、马来西亚等国家和地区，遍及石油化工、建材、医药、化肥、粮食、储运等行业。公司的生产设备主要有拉丝机、圆织机、淋膜机、印刷机、制袋机、缝纫机等，月平均生产型号近 40 个左右，年加工塑料 3000 多吨，生产各类塑料编织袋 3000 多万条。欣盛公司在行业中属于较大规模，市场定位是质量、价格均较高的中高档次塑料编织产品。企业的生产特点是品种多、数量大、成本不易精确核算。

7.2.2 欣盛公司成本管理现状及问题的提出

此前，公司主要采用传统成本法进行成本核算，即首先将直接人工和直接材料等费用直接记入产品的生产成本，再将各项间接资源的耗费归集到制造费用账户，然后再以直接人工作为分配基础对全部制造费用进行分配，制造费用分配率的计算公式为：

分配率=单种产品当月所消耗的直接人工费用/当月公司消耗的总直接人工费用

由此分配率可计算出各产品当月被分配到的制造费用，将各产品分配到的制造费用与各该产品消耗的直接原材料和直接人工费用相加即得到每种产品的生产总成本。将各产品的生产总成本除以当月生产的各该产品数量，即可得到各产品的单位生产成本。

企业简单地将产品的单位生产成本与产品售价进行比较，从中计算出产品的毛利水平，据此决定是否接受此订单。

但是，随着市场竞争的加剧，一方面，公司生产经营条件发生了重大变化，由过去的以面向大客户为主转向以面向中小客户为主，产品型号更多，批量更小，且经常变化，消耗的物料种类也在增多，工时或机器台时在各生产车间很难精确界定，已经无法按照传统成本法对每个产品分别进行合理、准确的成本核算，也无法为企业生产经营决策提供准确的成本数据。另一方面，为开拓市场、提高企业竞争力，企业中的行政管理、技术研究、后勤保障、质量管理、营销推广和公关宣传等非生产性活动大大增加，为此类活动而发生的成本在总成本中所占的比重不断提高，而此类成本在传统成本法下又同样难以进行合理的分配。如此一来，以直接人工为基础来分配制造费用的传统成本法变得不适用，欣盛公司必须在传统成本法的基础上，寻找其他更为合理的成本核算和成本管理方法。

7.2.3 欣盛公司实施作业成本法的必要性

欣盛公司在成本管理方面存在以下问题和不足。

(1) 相当多的公司员工的成本意识淡薄，损失浪费惊人。目前欣盛公司的成本管理工作主要划分成两部分：一是生产统计，主要是统计材料领料情况和生产数量；二是成本核算，计算出最终产品总成本和单位产品成本。成本管理还主要停留在成本核算阶段，对于成本分析和成本控制进行得比较少，无法根据成本信息对车间成本进行控制，简单的控制也只是事后的控制，公司员工对成本管理的参与意识较弱，对许多浪费现象视而不见，致使公司成本居高不下。

(2) 成本信息失真，影响公司决策。成本计算不实，乱摊乱挤成本现象仍然大量存在，有的部门和个人甚至弄虚作假、虚盈实亏，使得成本管理难度加大。由于公司直接对外销售产品，产品成本是制定销售价格的重要依据，但由于现有成本核算本身的局限性，制造费用分摊不合理，使得产品成本信息的准确性值得怀疑，成本信息对产品定价的指导作用大大削弱。

(3) 成本管理的目标定位狭窄，管理作用发挥受限。许多人仍然认为成本管理只是财务部门的事情，没有把成本管理当作企业管理的重要内容，更不用说上升到战略成本管理的高度，仅就成本管理而进行成本管理，对生产、经营及战略决策的指导和参与做得远远不够。

(4) 成本无法与个人绩效挂钩，人力资源作用难以有效发挥。在传统成本观念基础上所建立的成本管理体系是以产品成本为核心的，与全方位的成本管理相距甚远，无法应用成本信息对公司员工进行考核。公司现在运行的360度绩效考核体系很少涉及成本信息，这也是无法开展成本控制措施的主要原因。

当企业管理层对企业管理现状不满而又无可奈何时，内部管理的改进就可能为企业带来可喜的收获。而作业成本法是改进企业内部管理的有力工具。笔者认为，要改变欣盛公司成本管理现状，解决成本管理存在的问题和不足，应从成本观念和管理方法上进行改革，从战略成本管理的高度上应用作业成本法。

对欣盛公司而言，实施作业成本法主要有以下几点意义。

(1)使成本信息更加科学，能解决传统成本信息失真问题。市场竞争程度比较高的时候，作业成本法将会发挥重要的优势，因为高度竞争性的产品由于盈利较少，更需要精确的成本信息来确定真实的盈利情况。在传统成本法下，欣盛公司按照单一的人工工资标准分配间接费用，必然造成有些产品成本虚增或虚减，不符合“谁受益，谁负担；多受益，多负担”的公平配比原则和信息相关性原则，导致成本信息失真。作业成本法增加了分配标准，由传统的按单一标准分配改为按多种标准分配，对每种作业选取属于自己合理的分配率，按各产品消耗成本动因或作业的数量将成本库的成本逐一分配到产品总成本中去，成本核算的核心集中在生产对资源一步步消耗的各个具体环节中，抓住了许多动态变量，真正消除了传统成本法中用人工工资等作为唯一标准去分配全部间接费用的不合理性，解决了传统成本法带来的成本信息失真问题，使成本核算更准确，更具有相关性和配比性。

(2)使公司产销决策更加合理。产销决策和产品定价合理性的基础是成本计算的科学性。根据传统成本信息做出的产销决策，常常是有些产品本来是盈利的，但是在传统成本法下，企业误以为是亏损的，从而错误地拒绝了订单，丧失了市场机会。而有的产品，实际上是亏损的，但是在传统的成本法下，企业误以为是盈利的，从而错误地接受了订单。这样，传统成本法进一步造成了利润报告的严重失真。作业成本法使成本信息更具有科学性、相关性，从而使产销和定价决策更加合理，利润信息更加真实。

(3)改善企业内部管理。作业成本法使公司管理人员准确把握了诸如拉丝、圆织、淋膜、制袋、缝纫、生产协调和直接人工等作业活动，从而控制了成本的形成和累积过程。实施作业成本法的深刻意义还在于，在作业中心的基础上建立责任中心，甚至进一步采用作业预算方法和作业管理法，找出要害作业，把管理者的注意力引向资源消耗的原因上，有利于改善内部管理。

(4)促进企业战略成本管理的实施。作业成本法突破了传统管理会计的局限性，体现了先进的战略成本管理思想，能有效改善企业的战略决策。以作业成本法为基础的战略成本管理，立足于公司经营全程的作业链和价值链管理，以比较准确的成本信息进行动态分析和管理活动，能够把握市场需求动向、企业生产过程和售后服务等经营的全部过程，能增强员工成本意识，使企业经营战略更及时地应对市场风险，适应环境的变化。

(5)优化资源配置。实施作业成本法有利于我们细致、具体地分析资源被一步步消耗的过程，从而优化作业链和价值链，合理选择产品种类与生产数量的组合，优化资源配置，发挥企业内部各部门之间、各工艺和生产环节之间的协同作用，充分利用资源，从而优化资源配置，实现规模效益。

由此可见，欣盛公司有必要实施作业成本法。

7.2.4 欣盛公司实施作业成本法的可行性

(1) 从管理上讲，欣盛公司基础较好，管理理念较新。欣盛公司较早进行了改制，成为规范的民营企业，较早地摆脱了国有企业固有的权责失衡、效率低下等体制弊端，初步建立起了现代企业制度。改制后，公司不断致力于企业内部管理体制的改革，聘请多方专家对公司改革进行了总体设计，实行了全员竞争上岗，制定了全新的薪酬体系和绩效考核制度，使改制、改革同步进行。在改制与改革的过程中，公司加大宣传力度，做到未雨绸缪，使员工的思想观念逐步适应了公司的改革发展需要，员工对改革的承受能力逐步增强。在欣盛公司，从总体上讲，新的管理观念已经深入人心。因此，作业成本法作为一种新的管理思维、管理理念和管理方法，在欣盛公司实施应该没有很大阻力。

(2) 从生产技术上讲，尽管塑编行业属于典型的劳动密集型行业，“适时制 (JIT)”、“零存货制度”等还很难完全做到，但是，近年来，公司通过电子化、网络化的推广应用，信息化程度不断提高，通过分公司租赁制的实施，使公司在降低存货量、缩短生产周期、提高产品质量、改善经营设备、提高员工综合素质等方面取得了较大进步，积累了丰富经验。在生产经营实践中，欣盛公司逐渐建立了完善的内部控制制度，为作业中心和作业链的有效控制提供了条件。由于城区规划等原因，欣盛公司正在着手搬迁新的厂址，新厂房的设计将严格按照 JIT 的要求和塑编工艺流程，缩短原材料和产品的运送周期，优化作业链，尽量消除作业等待时间，消除无效作业，提高作业价值。搬迁中将购置新的设备，自动化程度将进一步提高。这些将进一步使作业成本法具有了可行性。

(3) 从市场需求上讲，客户对多样化、小批量和非经常性的商品需求越来越多，不能再仅仅采用以往的月度化大批量的生产方式，而应该快速地、高质量地生产出多品种、少批量的产品。相应地，企业传统的原材料采购与产品制造过程将发生深刻的变化，原来为采购、制造和企业决策服务的周期性的产品成本计量与控制手段、财务决策理论、业绩评价方法等也将发生相应变革。传统的制造成本法不能正确反映产品成本信息，不能为企业决策和控制提供准确有用的会计信息，随着竞争的加剧，这些弊端将使企业陷入极为被动的境地。在这种情况下，作业成本法这种灵活多变而又科学准确的成本核算和经营管理方法，就更加具备了存在的基础和生存的土壤。

(4) 从人才基础上讲，欣盛公司认真执行《企业会计准则》，建立了较为规范的会计核算和财务管理制度，具有独立法人资格，下设计划财务部，独立进行会计核算工作，拥有一批素质较高的年轻会计人员，经过一定培训，就可为作业成本法的实施提供人才保障。公司主要领导人学历高、年轻有为、思维超前，有着改进企业管理的强烈愿望，能从企业战略高度去看待成本问题、解决成本问题，这是成功应用作业成本法的先决条件和关键。

由此可见，欣盛公司基本具备了实施作业成本法的基本条件，具有现实可行性。

7.3 作业成本法在欣盛公司的具体应用

7.3.1 欣盛公司实施作业成本法的界定与假设

1. 欣盛公司现行成本管理制度简介

公司执行国家《企业会计准则》，具有独立法人资格，下设计划财务部，独立进行会计核算与成本管理工作。

(1)会计期间遵循企业会计制度统一规定的会计期间，以日历年度为会计年度，辅助的会计期间包括季度和月份，遵循日历季度和月份。

(2)以人民币作为记账本位币。

(3)收入、费用的确认遵循权责发生制原则。

(4)根据持续经营假设，采用历史成本原则。

(5)折旧方法采用直线法，厂房、设备等折旧记入制造费用。

(6)管理费用、财务费用和销售费用作为期间费用，直接记入损益。

(7)产品成本由原材料、燃料与动力、工资及福利费和制造费用构成。

(8)成本计算采用顺序结转分步法，即上游A车间耗用的原材料、半成品、直接人工和制造费用构成下游B车间的自制半成品成本，再加上B车间直接耗用的原材料、直接人工和制造费用，构成B车间的制造成本；B车间的制造成本又是下游C车间的自制半成品成本……

2. 欣盛公司实施作业成本法的目的

根据公司面临的问题、成本管理现况，以及企业的生产特点，确定欣盛公司实施作业成本法的目的主要有以下几点。

(1)加强主要生产过程的成本核算，相对准确地计算产品成本，允许作业成本法系统大量地依赖由面谈数据得来的估计，这些估计是必要的、相对不精确的。

(2)利用成本信息加强对企业员工的考核，把成本与员工的效益挂钩，增强全员成本意识，努力降低成本。

(3)充分利用成本信息，加强企业的成本分析和控制，科学制定企业的定价决策以及其他相关的管理决策。

(4)作业成本法系统是一个管理系统而非财务系统，独立于现行会计核算和成本管理系统，以减少实施新系统所花的时间和成本。

(5)作业成本法系统报告特定时期的历史成本，以便与传统成本核算法进行对比，而非估计未来成本。

3. 欣盛公司实施作业成本法的会计期间选择

通常情况下，某一会计期间内的期初、期末在产品的品种、数量和加工程度是不一样的。但是由于企业生产的连续性和财会工作的持续经营假设，在足够长的会计期间内，这种差异相对于较长会计期间内的产品总量可以忽略，或者说，可以假设该期间的期初、期末在产品相同。对于工艺专业化的流程式生产企业，上述假设一般是合理可行的，可以通过假设适当长的会计期间采用全部期间费用与目标产品相配比的方法分摊费用。欣盛公司是典型的工艺专业化的流程式生产企业，具有以下特点：生产模式是品种多、批量大；产品平均价格水平低；全部期间费用与目标产品相配比。因此，上述假设恰好成立。在这种情况下，会计期间的选择能够兼顾产品类别、品种、规格，囊括各类产品，能够保证研究结果的精确性和数据采集处理的便利性。

出于研究的方便，选择欣盛公司 20×7 年 10 月份为研究期间，所有成本、费用数据均来自欣盛公司 20×7 年 10 月份各类会计凭证、账簿、会计报表及各有关部门统计月报。

4. 欣盛公司实施作业成本法目标产品的选择

一般来说，在选定的会计期间内，企业生产的产品品种相对较少。但塑编产品生产周期短，大多数产品都是在此会计期间完成从材料供应、车间生产到销售整个过程的。因此，研究中选择欣盛公司 20×7 年 10 月份生产的全部产品作为作业成本法的核算对象。

5. 欣盛公司实施作业成本法的核算内容

传统财务会计方法下，产品成本的核算内容仅包括直接材料、直接人工、燃料动力和制造费用等制造成本，而把其他与生产制造过程没有直接联系的费用和支出，如厂部管理费用、财务费用、销售费用等作为期间费用处理。

作业成本法下，产品成本从理论上讲是指完全吸收成本，包括从产品设计、物料供应、生产，到产品检验、销售等各个作业环节，其核算内容不仅包括传统成本法下的全部材料、人工、燃料动力和制造费用，还应该包括产品设计费用、产品实验费用以及部分销售费用、管理费用等。但从企业实际操作中看，由于成本动因的缺乏，并且实际情况过于复杂，为便于在同口径下进行对比分析，同时考虑到费用与产品的相关性问题，在研究中，仍以欣盛公司传统成本法下的制造成本作为作业成本法的核算内容。至于设计费用、实验费用、可追溯销售费用等可以在企业实际应用过程中纳入作业成本法核算范围之内，不在本研究范围之内。

7.3.2 分析生产工艺流程，建立成本动因关系

1. 了解企业实际情况，熟悉生产工艺流程

一般来讲，作为程序化工作，这一步骤主要做以下工作。

(1) 通过与主要领导如总经理、财务负责人等座谈，走访各个车间，明确企业目前状况、面临的主要问题、企业的总体发展前景及规划、所处的市场环境等，对企业有一个比较全面的认识。

(2) 通过与财务部门有关人员和车间核算人员进行交流讨论，进一步了解并熟悉企业

的财务会计核算制度以及各个车间的内部核算制度，通过查阅各个产品的成本资料，对产品成本结构、费用支出有比较清楚的认识。

(3)了解生产工艺流程。通过对生产、工艺部门的详细了解，进一步熟悉了工艺流程。在此基础上，到公司各个车间的生产现场，实地调查生产工艺流程的实质内容。在各个车间，由车间主任、班组长或技术员等介绍生产工艺情况，详细了解各个生产环节。在调查了解中，注意和班组长、一线工人进行交流，并有意识地收集各个生产环节中工人的工作性质、人数、工作地点等信息。熟悉生产工艺流程至关重要，是作业成本法的实施基础，余下步骤中的作业划分、成本动因选择都与该步骤密切相关。通过与公司负责人、会计人员、技术人员等有关人员的座谈，收集作业成本法有关资料，了解企业的产品成本发生、收集、上报及控制情况。

2. 确定作业及作业中心，建立成本动因关系

根据对欣盛公司生产工艺流程的了解，进行作业的划分。首先对生产工艺流程进行描述，确定各个流程主要任务，然后将任务归集到作业。每个作业均可细分为许多子作业或子任务。作业的详尽划分对作业设计和管理具有好处，但同时也增大了计量成本。因此，定义作业时要防止两种倾向：一种是防止定义限定性过于详尽的作业，因为这样不仅不能得到更多的有用信息，反而有可能造成分析的紊乱，于管理不利；另一种是避免过于宽泛地定义作业，因为这样的定义难以揭示改善的机会，无法达到促进企业降低成本的目的。

根据生产工艺流程归集建立作业后，可以根据作业“质的相似性”原则做进一步合并，选择主要作业，建立作业中心。建立作业中心时，一般是首先确定一个核心作业，然后将上下游工序中一些次要任务或作业与之合并，归集为一个作业中心。欣盛公司有很多作业，相近的作业组成作业中心。在每一个作业中心中，都有一个或多个成本动因，从中选择一个最具代表性的成本动因作为计算成本动因分配率的基础。选择成本动因时，主要考虑成本动因与作业中心资源消耗的相关程度、计量成本等因素。

遵循以上原则，经过详尽的分析，将欣盛公司整个生产工艺流程划分为拉丝、圆织、淋膜、制袋、缝纫、生产协调等六个作业中心。

拉丝作业主要是将聚丙烯等原辅材料按照一定工艺配比制造出各种满足宽窄、厚度、颜色、抗拉强度、抗老化等指标要求的不同规格的丝卷，包括拉丝一、二、三班，主要设备为拉丝机。

圆织作业主要是根据各种塑编袋的要求，将拉丝作业制造出的扁丝织成平布或筒布，包括圆织一、二、三班，主要设备为圆织机。

淋膜作业主要是将普通编织布与彩印膜、涂敷材料、牛皮纸等进行复合，制成符合要求的淋膜布，包括淋膜一、二、三班，主要设备为淋膜机、涂敷机、印刷机等。

制袋作业主要是通过切片、印刷、制袋等工序，将编织布制成符合要求的半成品袋，包括制袋一、二、三班，主要设备为制袋机。

缝纫作业主要是将从制袋线上下来的半成品袋进行最后缝制，制成成品袋，包括缝纫一、二、三班，主要设备为工业用缝纫机、打包机等。

其他管理活动如质量检验、生产调度、调机、废品处理、仓储等活动，归结为生产协调作业。

引起欣盛公司各个作业中心的作业动因有很多。但根据相关性原则，通过了解与分析，欣盛公司六个作业中心的成本动因分别为机器工时、机器工时、机器工时、机器工时、人工工时、生产批别。具体来说，欣盛公司作业中心和成本动因划分如表 7-1 所示。

表 7-1　欣盛公司作业中心划分及成本动因明细表

作 业 中 心	成 本 动 因
拉丝	机器工时（编织布的长度）
圆织	机器工时（编织布的长度）
淋膜	机器工时（淋膜布的长度）
制袋	机器工时（编织布的长度）
缝纫	人工工时（塑编袋的数量）
生产协调	生产批别

7.3.3　将资源费用分配至各个作业中心

在定义了各个作业中心后，就需要衡量各个作业中心消耗的资源费用，将资源费用分配至各个作业中心，形成作业成本库。资源费用的分配包括直接资源费用的分配和间接资源费用的分配。

在收集费用数据时充分利用了欣盛公司原有的成本信息系统。有的数据是直接获取的，如公司的制造费用明细表、固定资产明细表、管理费用账簿等提供的数据；有的数据是经过加工处理的，如辅助生产费用、水费、厂房折旧等在各个作业中心的分配比例等。由于缺乏原始的统计数据，还有一些数据是根据公司生产技术人员提供的资料和车间里的实地观察做出的近乎合理的估计。这一步骤的工作虽然非常烦琐，但是必不可少，且非常重要。每项费用都要经过仔细分析，小心地归集到各个作业，有时往往要反复几次才能最后确定。

直接分配到产品上的资源费用是原材料费用，按照产品成本计算表中所记录的原材料费用直接归集到产品上。

除原材料费用外，归集到各个作业中心，形成作业成本库的资源费用还包括工资、职工福利费、电费、修理费用、财产保险费、设备折旧、物料消耗、运输费、水费、职工福利基金、差旅费、办公费、劳动保险费、待业保险费、土地使用费、工业用房使用费以及其他制造费用。

需要分配到各个作业中心的费用来自公司制造费用明细表和车间统计数据，这些费用根据其不同的性质，按照不同的方法分配到各个作业中心。

20×7 年 10 月份欣盛公司除原材料费用以外的资源费用分配如下。

1. 电费的分配

电费的总金额来自欣盛公司各车间的制造费用明细表。其中拉丝、圆织、淋膜、制袋、缝纫五个作业所耗电费直接来自各作业中心的电表计数。生产协调和辅助生产部门共发生电费 5294.26 元，经配电室工作人员介绍，其分配比例分别为 44%和 56%，各分配电费 2350 元和 2944.26 元，分别占电费总数的 2%和 3%。归集到辅助生产部门的费用最终要再次分配到各个生产性作业中心。

欣盛公司 20×7 年 10 月份的电费汇总金额为 100 587.33 元，电费分配表如表 7-2 所示。

表 7-2 欣盛公司 20×7 年 10 月份电费分配表

作业名称	比例(%)	电费(元)
拉丝	0.60	60 175.66
圆织	0.23	22 988.63
淋膜	0.08	8224.86
制袋	0.03	3083.94
缝纫	0.01	819.98
生产协调	0.02	2350.00
辅助生产	0.03	2944.26
合计	1.00	100 587.33

资料来源：欣盛公司 20×7 年 10 月份统计、财务报表

2. 工资、福利费及待业保险费的分配

根据各作业中心和公司劳资部门的统计，直接得到各作业中心(拉丝、圆织、淋膜、制袋、缝纫、生产协调)和辅助生产的工资总额，将工资总额乘以 14%得到各作业中心应分摊的职工福利费，将工资总额乘以 31%得到各作业中心应分摊的待业保险费(注：工资总额的 4%为待业保险费，工资总额的 27%为劳动保险费)。欣盛公司 20×7 年 10 月份的工资、福利费及待业保险费汇总表如表 7-3 所示。

表 7-3 欣盛公司 20×7 年 10 月份人工费用分配表

单位：元

作业名称	工资	福利费	待业保险费	合计
拉丝	19 241.10	2693.76	5964.74	27 899.60
圆织	42 480.14	5947.22	13 168.84	61 596.20
淋膜	11 855.60	1659.78	3675.24	17 190.62
制袋	20 563.08	2878.84	6374.55	29 816.47
缝纫	66 093.24	9253.05	20 488.91	95 835.20
生产协调	40 913.72	5727.92	12 683.25	59 324.89
辅助生产	7220.07	1010.81	2238.22	10 469.10
合计	208 366.95	29 171.38	64 593.75	302 132.09

资料来源：欣盛公司 20×7 年 10 月份统计、财务报表

另外，还应将辅助生产的工资、福利费及待业保险费分配到各个作业中心，方法是把辅助生产的工资、福利费及待业保险费计入二次分配汇总表，然后进行二次分配。因为辅助生产人员不易与具体作业中心直接相联系，但他们都是为生产服务的，因此将其归集到二次分配项目，选取共同的分配基准将其分配计入相应的作业中心，具体分配方法见第 6 点介绍。

3. 折旧费、修理费和财产保险费的分配

与折旧有关的费用包括固定资产折旧、修理费用和财产保险费。在调研中，通过询问各车间的设备管理人员，将各固定资产归集、合并到了各个作业中心。然后，从各车间的固定资产明细表和账外资产明细表中确定了各个作业中心的月折旧额，并进而得到了核算期间的折旧总额。修理费用来自于车间的制造费用明细表。财产保险费用与资产的价值成正比，而资产价值与折旧成正比，因此，为简便起见，可以按照各个作业中心的资产的折旧比例来分配此费用。据此，得到折旧费、修理费和财产保险费的分配表(见表 7-4)。

表 7-4　欣盛公司 20×7 年 10 月按折旧分配的费用分配表

作业名称	折旧(元)	比　例	修理费用(元)	财产保险费(元)	合计(元)
拉丝	38 216.18	0.28	7540.43	1660.92	47 417.53
圆织	32 246.27	0.23	6711.31	1401.46	40 359.04
淋膜	18 280.14	0.13	1567.46	794.48	20 642.08
制袋	16 616.72	0.12	4839.36	722.18	22 178.26
缝纫	14 446.63	0.10	8423.74	627.87	23 498.24
生产协调	0.00	0.00	0.00	0.00	0.00
辅助生产	18 248.17	0.13	17 363.33	793.09	36 404.59
合计	138 054.11	1.00	46 445.63	6000.00	190 499.74

资料来源：欣盛公司 20×7 年 10 月份统计、财务报表

4. 工业用房与土地使用费分配

按照各个作业中心的厂房面积比例将工业用房使用费分配到各个作业中心。同样道理，按照各个作业中心所占土地面积比例将土地使用费分配到各个作业中心。在本项研究中，各个作业中心的厂房面积比例直接来自欣盛公司的计划财务部，而各个作业中心所占土地面积比例是在厂房面积比例的基础上略微调整估计出来的，拉丝、圆织、淋膜、制袋、缝纫和辅助生产分别占 33%、32%、7%、14%、13%、2%。欣盛公司工业用房与土地使用费分配情况如表 7-5 所示。

表 7-5　欣盛公司 20×7 年 10 月份工业用房及土地使用费分配表

作业名称	比　例	工业用房使用费(元)	比　例	土地使用费(元)	合计(元)
拉丝	0.28	14 339.84	0.33	22 400.00	36 739.84

续表

作业名称	比　例	工业用房使用费(元)	比　例	土地使用费(元)	合计(元)
圆织	0.27	13 819.83	0.32	21 750.00	35 569.83
淋膜	0.15	7834.35	0.07	4500.00	12 334.35
制袋	0.14	7121.45	0.14	9520.00	16 641.45
缝纫	0.12	6191.41	0.13	8530.00	14 721.41
生产协调	0.00	0.00	0.00	0.00	0.00
辅助生产	0.04	2038.52	0.02	1300.00	3338.52
合计	1.00	51 345.40	1.00	68 000.00	119 345.40

资料来源：欣盛公司20×7年10月份统计、财务报表

5. 物料消耗费用的分配

拉丝、圆织、淋膜、制袋、缝纫五个作业中心所耗物料费用直接来自各作业中心的统计数。生产协调和辅助生产部门共发生物料消耗费用 44 404.56 元，通过找有关人员了解，其分配比例分别为28%和72%，各分配12 473.78元和31 930.78元。归集到辅助生产部门的费用最终要通过二次分配，再次分配到各个生产性作业中心。

欣盛公司20×7年10月份的物料消耗费用总金额为66 311.78元，分配表如表7-6所示。

表7-6　欣盛公司2002年10月份物料消耗费用分配表

作业名称	物料消耗费用(元)
拉丝	483.00
圆织	1604.86
淋膜	1745.88
制袋	12 859.17
缝纫	5214.31
生产协调	12 473.78
辅助生产	31 930.78
合计	66 311.78

资料来源：欣盛公司20×7年10月份统计、财务报表

6. 需要二次分配的费用的二次分配

需要进行二次分配的费用项目包括水费和归集到辅助生产的费用。这些费用的共同特点是难以直接归集到各个作业中心上，它们基本上与生产协调费用关系不大，所以只考虑把这些费用分配到各个生产性作业中心。

二次分配费用分配到各个生产性作业中心(拉丝、圆织、淋膜、制袋、缝纫)的方法如下：

某作业中心二次分配费用=该作业中心费用小计(除二次分配费用外)*
二次分配费用合计/各生产性作业中心费用之和(除二次分配费用外)

经过前几步的计算，我们已经将除二次分配费用以外的费用归集到了各个作业中心和辅助生产，归集结果如表 7-7 所示。

根据此归集结果中汇集出的辅助生产费用和公司制造费用明细表中的二次分配费用金额，可以做出二次分配费用汇总表，如表 7-8 所示。

表 7-7　欣盛公司 20×7 年 10 月份除二次分配费用以外的费用明细表

单位：元

	拉　丝	圆　织	淋　膜	制　袋	缝　纫	辅助生产
电费	75.66	22988.63	8224.86	3083.94	819.98	2944.26
工资	19 241.10	42 480.14	11 855.60	20 563.08	66 093.24	7220.07
福利费	2693.76	5947.22	1659.78	2878.84	9253.05	1295.427
待业保险费	5964.74	13 168.84	3675.24	6374.55	20 488.91	1976.11
折旧额	38 216.18	32 246.27	18 280.14	16 616.72	14 446.63	18 248.17
修理费用	7540.43	6711.31	1567.46	4839.36	8423.74	17 363.33
财产保险费	1660.92	1401.46	794.48	722.18	627.87	793.09
工业用房使用费	14 339.84	13 819.83	7834.35	7121.45	6191.41	2038.52
土地使用费	22 400.00	21 750.00	4500.00	9520.00	8530.00	1300.00
物料消耗费用	483.00	1604.86	1745.88	12 859.17	5214.31	31 930.78
小计	172 715.63	162 118.56	60 137.79	84 579.29	140 089.14	85 109.76

资料来源：欣盛公司 20×7 年 10 月份统计、财务报表

表 7-8　欣盛公司 20×7 年 10 月份二次分配费用汇总表

费用项目	金额(元)
水费	9191.40
辅助生产	85 109.76
合计	94 301.16

资料来源：欣盛公司 20×7 年 10 月份统计、财务报表

根据表 7-7 和表 7-8 的计算结果，可以最终将二次分配费用分配到各个生产性作业中心，从而得出包含二次分配费用的各个生产性作业中心费用总数。计算过程和结果见表 7-9。

表 7-9　欣盛公司 20×7 年 10 月份二次分配费用分配表

作业名称	二次分配以外费用(元)	比　例	二次分配费用(元)	包括二次分配费用的各作业费用(元)
拉丝	172 715.63	0.28	26 285.06	199 000.69
圆织	162 118.56	0.26	24 672.32	186 790.88

续表

作业名称	二次分配以外费用(元)	比例	二次分配费用(元)	包括二次分配费用的各作业费用(元)
淋膜	60 137.79	0.10	9152.18	69 289.97
制袋	84 579.29	0.14	12 871.86	97 451.15
缝纫	140 089.14	0.23	21 319.73	161 408.87
合计	619 640.41	1.00	94 301.16	713 941.57

经过以上各步骤计算，就得到了除生产协调以外的各作业中心应分摊的全部费用。

7. 生产协调资源费用的归集

在制造费用明细表中，大多数费用已经在上面的计算中分摊进入了生产协调作业。但还有一些费用可以直接计入生产协调作业，这些费用包括差旅费、办公费、运输费、试验检验费等。将这些费用和上面计算中已经分摊进入生产协调作业的费用一起计入生产协调作业，就可以得到生产协调作业成本库明细表，如表 7-10 所示。

表 7-10　欣盛公司 20×7 年 10 月份生产协调资源费用明细表

项目	金额(元)
办公费	211
差旅费	189
运输费	744
试验检验费	950
电费	2350.00
工资	40 913.72
福利费	5727.92
待业保险费	12 683.25
物料消耗费用	12 473.78
合计	76 242.67

资料来源：欣盛公司 20×7 年 10 月份统计、财务报表

至此，各资源费用已经全部归结到六个作业中心，形成了六个作业成本库，如表 7-11 所示。

表 7-11　欣盛公司 20×7 年 10 月份作业成本库汇总表

作业名称	作业成本库汇总金额(元)
拉丝	199 000.69
圆织	186 790.88
淋膜	69 289.97
制袋	97 451.15
缝纫	161 408.87
生产协调	76 242.67
合计	790 184.24

通过以上分配，作业成本库内形成的成本项目明细资料如表 7-12 所示。

表 7-12　欣盛公司 20×7 年 10 月份各作业中心成本库费用明细表

单位：元

费用项目	拉丝	圆织	淋膜	制袋	缝纫	生产协调	合计
电费	60 175.66	22 988.63	8224.86	3083.94	819.98	2350.00	97 643.07
工资	19 241.10	42 480.14	11 855.60	20 563.08	66 093.24	40 913.72	201 146.88
福利费	2693.76	5947.22	1659.78	2878.84	9253.05	5727.92	28 160.57
待业保险费	5964.74	13 168.84	3675.24	6374.55	20 488.91	12 683.25	62 355.53
折旧额	38 216.18	32 246.27	18 280.14	16 616.72	14 446.63	0.00	11 9805.94
修理费用	7540.43	6711.31	1567.46	4839.36	8423.74	0.00	29 082.30
财产保险费	1660.92	1401.46	794.48	722.18	627.87	0.00	5206.91
工业用房使用费	14 339.84	13 819.83	7834.35	7121.45	6191.41	0.00	49 306.88
土地使用费	22 400.00	21 750.00	4500.00	9520.00	8530.00	0.00	66 700.00
物料消耗费用	483.00	1604.86	1745.88	12 859.17	5214.31	12 473.78	34 381.00
办公费	0.00		0.00	0.00	0.00	211.00	211.00
差旅费	0.00	0.00	0.00	0.00	0.00	189.00	189.00
运输费	0.00	0.00	0.00	0.00	0.00	744.00	744.00
试验检验费	0.00	0.00	0.00	0.00	0.00	950.00	950.00
二次分配费用	26 285.06	24 672.32	9152.18	12 871.86	21 319.73	0.00	94 301.16
合计	199 000.69	186 790.88	69 289.97	97 451.15	161 408.87	76 242.67	790 184.24

7.3.4　计算产品的作业成本

作业成本库中的费用，被该作业中心有代表性的成本动因的总数量去除，得到该作业成本库的成本动因分配率。某产品消耗某种有代表性的成本动因的数量乘以相应的成本动因分配率，即可得到该产品耗用某作业成本库的费用额。成本动因的确定是否科学、成本动因数据是否准确是影响作业成本核算准确与否的关键。因此，成本动因的确定与数据的收集就成为一项至关重要的工作。

1. 作业动因的收集

由于拉丝、圆织、淋膜、制袋的作业动因是机器工时，缝纫的作业动因是人工工时，生产协调的作业动因是生产批别，因此需要收集有关机器工时、人工工时及生产批别的详细资料。

机器工时作为前四个作业的成本动因，详细数据很难收集，因机器工时与实际生产编织布的长度高度正相关，所以可用实际生产编织布的长度作为成本动因，代替机器工时。

人工工时作为缝纫作业的成本动因，数据也比较难以收集，但因实行计件工资制，可以近似地用塑编袋的数量(条数)代替人工工时，作为成本动因。

生产批别作为生产协调作业的成本动因，收集比较容易，直接由生产部门统计可以得到。

欣盛公司 20×7 年 10 月份共生产九种产品。通过查找资料，收集与各产品有关的作业动因数量如表 7-13 所示。

表 7-13　作业动因汇总表

产品名称	作业动因数量			
	拉丝、圆织、制袋	淋膜	缝纫	生产协调
	编织布长度(米)	淋膜布长度(米)	编织袋数量(条)	生产批次
彩印加衬袋	100 200	100 200	103 747	5
二合一袋子	240 050	240 050	252 643	11
彩印袋子	37 040	37 040	37 265	10
二合一加衬袋	140 100	140 100	151 260	8
普通袋子	140 000	0	139 321	7
三合一袋子	120 010	120 010	133 994	11
集装袋	300	300	269	1
燕京公司二合一袋子	490 000	490 000	516 554	1
燕京公司三合一袋子	150 000	150 000	171 104	1
核算期总数(合计)	1 417 700	1 277 700	1 506 157	55

资料来源：欣盛公司 20×7 年 10 月份统计、财务报表

2．作业成本库费用按照作业动因分配到产品

由于核算对象包括全部产品，所以作业成本库费用必须用适当的方法计算分配给所有的九种产品。计算方法如下：

某产品耗用的某作业资源=该产品耗用的某作业动因*某作业成本库动因分配率

某作业成本库动因分配率=某作业成本库资源费用合计/全部产品某作业动因量合计

下面分别计算各作业成本库费用的分配。

(1)拉丝作业成本库费用的分配如表 7-14 所示。

表 7-14　拉丝作业成本库费用分配表

产品名称	编织布长度(米)	分配率(元/米)	所摊金额(元)	产品数量(条)	单位产品分摊金额(元)
彩印加衬袋	100 200	0.1404	14 064.94	103 747	0.1356
二合一袋子	240 050	0.1404	33 695.50	252 643	0.1334
彩印袋子	37 040	0.1404	5199.26	37 265	0.1395
二合一加衬袋	140 100	0.1404	19 665.65	151 260	0.1300
普通袋子	140 000	0.1404	19 651.62	139 321	0.1411
三合一袋子	120 010	0.1404	16 845.65	133 994	0.1257
集装袋	300	0.1404	42.11	269	0.1565
燕京公司二合一袋子	490 000	0.1404	68 780.66	516 554	0.1332
燕京公司三合一袋子	150 000	0.1404	21 055.30	171 104	0.1231
合计	1 417 700	0.1404	199 000.69	1 506 157	

(2)圆织作业成本库费用的分配如表 7-15 所示。

表 7-15　圆织作业成本库费用分配表

产品名称	编织布长度（米）	分配率（元/米）	所摊金额（元）	产品数量（条）	单位产品分摊金额(元)
彩印加衬袋	100 200	0.1318	13 201.98	103 747	0.1273
二合一袋子	240 050	0.1318	31 628.10	252 643	0.1252
彩印袋子	37 040	0.1318	4880.25	37 265	0.1310
二合一加衬袋	140 100	0.1318	18 459.06	151 260	0.1220
普通袋子	140 000	0.1318	18 445.88	139 321	0.1324
三合一袋子	120 010	0.1318	15 812.07	133 994	0.1180
集装袋	300	0.1318	39.53	269	0.1469
燕京公司二合一袋子	490 000	0.1318	64 560.58	516 554	0.1250
燕京公司三合一袋子	150 000	0.1318	19 763.44	171 104	0.1155
合计	1 417 700	0.1318	186 790.88	1 506 157	

(3)淋膜作业成本库费用的分配如表 7-16 所示。

表 7-16　淋膜作业成本库费用分配表

产品名称	淋膜布长度（米）	分配率（元/米）	所摊金额（元）	产品数量（条）	单位产品分摊金额(元)
彩印加衬袋	100 200	0.0542	5433.87	103 747	0.0524
二合一袋子	240 050	0.0542	13 017.97	252 643	0.0515
彩印袋子	37 040	0.0542	2008.69	37 265	0.0539
二合一加衬袋	140 100	0.0542	7597.66	151 260	0.0502
普通袋子	0	0.0542	0.00	139 321	0.0000
三合一袋子	120 010	0.0542	6508.17	133 994	0.0486
集装袋	300	0.0542	16.27	269	0.0605
燕京公司二合一袋子	490 000	0.0542	26 572.82	516 554	0.0514
燕京公司三合一袋子	150 000	0.0542	8134.54	171 104	0.0475
合计	1 277 700	0.0542	69 289.97	1 506 157	

(4)制袋作业成本库费用的分配如表 7-17 所示。

表 7-17　制袋作业成本库费用分配表

产品名称	编织布长度（米）	分配率（元/米）	所摊金额（元）	产品数量（条）	单位产品分摊金额(元)
彩印加衬袋	100 200	0.0687	6887.64	103 747	0.0664
二合一袋子	240 050	0.0687	16 500.78	252 643	0.0653
彩印袋子	37 040	0.0687	2546.09	37 265	0.0683
二合一加衬袋	140 100	0.0687	9630.32	151 260	0.0637
普通袋子	140 000	0.0687	9623.45	139 321	0.0691

续表

产品名称	编织布长度（米）	分配率（元/米）	所摊金额（元）	产品数量（条）	单位产品分摊金额（元）
三合一袋子	120 010	0.0687	8249.36	133 994	0.0616
集装袋	300	0.0687	20.62	269	0.0767
燕京公司二合一袋子	490 000	0.0687	33 682.07	516 554	0.0652
燕京公司三合一袋子	150 000	0.0687	10 310.84	171 104	0.0603
合计	1 417 700	0.0687	97 451.15	1 506 157	

(5)缝纫作业成本库费用的分配如表 7-18 所示。

表 7-18　缝纫作业成本库费用分配表

产品名称	编织袋数量（条）	分配率（元/条）	所摊金额（元）	单位产品分摊金额（元）
彩印加衬袋	103 747	0.1072	11 118.15	0.1072
二合一袋子	252 643	0.1072	27 074.75	0.1072
彩印袋子	37 265	0.1072	3993.54	0.1072
二合一加衬袋	151 260	0.1072	16 209.93	0.1072
普通袋子	139 321	0.1072	14 930.48	0.1072
三合一袋子	133 994	0.1072	14 359.61	0.1072
集装袋	269	0.1072	28.83	0.1072
燕京公司二合一袋子	516 554	0.1072	55 357.04	0.1072
燕京公司三合一袋子	171 104	0.1072	18 336.54	0.1072
合计	1 506 157	0.1072	161 408.87	

(6)生产协调作业成本库费用的分配如表 7-19 所示。

根据表 7-11 的计算结果，可以得到欣盛公司生产协调作业在 20×7 年 10 月份的费用总额为 76 242.67 元，欣盛公司在核算期间一共生产了 55 批产品，故生产协调作业的分配率为 76 242.67/55=1386.23 元，即每批产品应分摊的生产协调作业费用为 1386.23 元，又因为：

单位产品应分摊的生产协调费用=每批产品应分摊的生产协调作业费用/每批产品数量

由此可以得出单位产品应分摊的生产协调费用如表 7-19 所示。

表 7-19　生产协调作业成本库费用分配表

产品名称	生产批次	分配率（元/批）	所摊金额（元）	产品数量（条）	单位产品分摊金额（元）
彩印加衬袋	5	1386.23	6931.15	103 747	0.0668
二合一袋子	11	1386.23	15 248.53	252 643	0.0604
彩印袋子	10	1386.23	13 862.30	37 265	0.3720
二合一加衬袋	8	1386.23	11 089.84	151 260	0.0733
普通袋子	7	1386.23	9703.61	139 321	0.0696
三合一袋子	11	1386.23	15 248.53	133 994	0.1138

续表

产 品 名 称	生产批次	分配率（元/批）	所摊金额（元）	产品数量（条）	单位产品分摊金额（元）
集装袋	1	1386.23	1386.23	269	5.1533
燕京公司二合一袋子	1	1386.23	1386.23	516 554	0.0027
燕京公司三合一袋子	1	1386.23	1386.23	171 104	0.0081
合计	55	1386.23	76 242.67	1 506 157	0.0506

7.3.5 计算产品总成本和单位产品成本

经过以上步骤，欣盛公司 20×7 年 10 月份九种产品在拉丝、圆织、淋膜、制袋、缝纫、生产协调六个作业中心中应分摊的费用及单位产品应分摊的各作业成本库成本已全部计算出来。

将各产品在六个作业中心的作业成本和原材料费用相加，即可得到作业成本法下产品的总成本。作业成本法下产品的总成本除以该种产品产量，即得到作业成本法下单位产品成本。以上计算结果见表 7-20。

表 7-20 作业成本法产品总成本及单位产品成本计算表

产品名称	产品产量（条）	拉丝作业成本（元）	圆织作业成本（元）	淋膜作业成本（元）	制袋作业成本（元）	缝纫作业成本（元）	生产协调作业成本（元）	原料成本（元）	作业成本法总成本（元）	作业成本法单位成本（元）
彩印加衬袋	103 747	14 065	13 202	5434	6888	11 118	6931	66 834	124 472	1.1998
二合一袋子	252 643	33 696	31 628	13 018	16 501	27 075	15 249	150 513	287 679	1.1387
彩印袋子	37 265	5199	4880	2009	2546	3994	13 862	11 705	44 195	1.1860
二合一加衬袋	151 260	19 666	18 459	7598	9630	16 210	11 090	98 376	181 028	1.1968
普通袋子	139 321	19 652	18 446	0	9623	14 930	9704	84 386	156 741	1.1250
三合一袋子	133 994	16 846	15 812	6508	8249	14 360	15 249	130 919	207 943	1.5519
集装袋	269	42	40	16	21	29	1386	3454	4988	18.5428
燕京公司二合一袋	516 554	68 781	64 561	26 573	33 682	55 357	1386	348 453	598 792	1.1592
燕京公司三合一袋	171 104	21 055	19 763	8135	10 311	18 337	1386	189 405	268 392	1.5686
合计	1 506 157	199 001	186 791	69 290	97 451	161 409	76 243	1 084 045	1 874 229	

7.4 欣盛公司实施作业成本法的效果分析

7.4.1 单位成本的比较分析

根据财务部提供的资料，在传统成本法下，欣盛公司 20×7 年 10 月份九种产品的各自总制造成本和单位制造成本如表 7-21 所示。

表 7-21　欣盛公司 20×7 年 10 月份产品制造成本一览表

产 品 名 称	产量(条)	成本总额(元)	单位成本(元)
彩印加衬袋	103 747	115 549.16	1.1138
二合一袋子	252 643	260 222.51	1.0300
彩印袋子	37 265	20 236.85	0.5431
二合一加衬袋	151 260	170 081.94	1.1244
普通袋子	139 321	145 895.76	1.0472
三合一袋子	133 994	226 346.53	1.6892
集装袋	269	5971.45	22.1987
燕京公司二合一袋子	516 554	602 440.47	1.1663
燕京公司三合一袋子	171 104	327 462.32	1.9138
合计	1 506 157	1 874 207	

资料来源：欣盛公司 20×7 年 10 月份统计、财务报表

下面对欣盛公司 20×7 年 10 月份九种产品在作业成本法下和传统成本法下的成本进行比较。

1. 包括原材料费用的单位产品成本比较

根据表 7-20 和表 7-21 编制单位产品成本比较表，如表 7-22 所示。

表 7-22　单位产品成本比较表(含原材料)

产品 名称	作业成本法成本 ①	传统成本 ②	差异 (②–①)	差异率 (②–①)/①	比率 ②/①
彩印加衬袋	1.1998	1.1138	–0.0860	–0.0717	0.9283
二合一袋子	1.1387	1.0300	–0.1087	–0.0954	0.9046
彩印袋子	1.1860	0.5431	–0.6429	–0.5421	0.4579
二合一加衬袋	1.1968	1.1244	–0.0724	–0.0605	0.9395
普通袋子	1.1250	1.0472	–0.0778	–0.0692	0.9308
三合一袋子	1.5519	1.6892	0.1373	0.0885	1.0885
集装袋	18.5408	22.1987	3.6579	0.1973	1.1973
燕京公司二合一袋	1.1592	1.1663	0.0071	0.0061	1.0061
燕京公司三合一袋	1.5686	1.9138	0.3452	0.2201	1.2201

从以上比较中可以看出，与作业成本法相比，有的产品成本被低估，有的被高估。传统成本法对产品成本低估的有彩印加衬袋、二合一袋子、彩印袋子、二合一加衬袋和普通袋子五个品种，分别低估了 7.17%、9.54%、54.21%、6.05%和 6.92%，差别最大的是彩印袋子，成本竟被低估了 54.21%，令人触目惊心。传统成本法对产品成本高估的有三合一袋子、集装袋、燕京公司二合一袋子和燕京公司三合一袋子四个品种，分别高估了 8.85%、19.73%、0.61%和 22.01%，差别最大的是燕京公司三合一袋子，成本被高估了 22.01%。

2. 不包括原材料的单位产品成本比较

根据表 7-20 和表 7-21 编制单位产品成本的比较如表 7-23 所示。

表 7-23　单位产品成本比较表（不含原材料）

产品名称	作业成本法成本 ①	传统成本 ②	差异 (②-①)	差异率 (②-①)/①	比率 ②/①
彩印加衬袋	0.5556	0.4696	-0.0860	-0.1548	0.8452
二合一袋子	0.5429	0.4342	-0.1087	-0.2002	0.7998
彩印袋子	0.8719	0.2289	-0.6429	-0.7374	0.2626
二合一加衬袋	0.5464	0.4741	-0.0724	-0.1324	0.8676
普通袋子	0.5193	0.4415	-0.0778	-0.1499	0.8501
三合一袋子	0.5748	0.7122	0.1373	0.2389	1.2389
集装袋	5.7011	9.3589	3.6579	0.6416	1.6416
燕京公司二合一袋	0.4846	0.4917	0.0071	0.0146	1.0146
燕京公司三合一袋	0.4616	0.8069	0.3452	0.7479	1.7479

在塑编行业，不包括原材料的产品成本，通常称为加工费。就加工费而言，传统成本法对产品成本造成的差异幅度更是大得惊人。从表 7-23 可以看出，传统成本法对彩印加衬袋、二合一袋子、彩印袋子、二合一加衬袋和普通袋子五个品种的加工费分别低估了 15.48%、20.02%、73.74%、13.24%和 14.99%，彩印袋子被低估了高达 73.74%，非常令人吃惊。三合一袋子、集装袋、燕京公司二合一袋子和燕京公司三合一袋子四个品种，分别高估了 23.89%、64.16%、1.46%和 74.79%，幅度最大的是燕京公司三合一袋子，其加工费被高估了 74.79%，更是令人吃惊。

从理论上讲，传统成本法对产品成本高估或低估，主要是因为成本计算方法的原因造成了不同产品之间的成本转移。而造成成本转移的主要因素有批量差异、工艺差异和规格差异等。一般来讲，传统成本法下小批量产品成本向大批量产品成本转移、复杂工艺产品成本向简单工艺产品成本转移、多工艺流程产品成本向少工艺流程产品成本转移、多品种规格产品成本向少品种规格产品转移，从而造成具有小批量、复杂工艺、多工艺流程和多品种规格特点的产品成本被低估，而具有大批量、简单工艺、少工艺流程和少品种规格特点的产品成本被高估。

从实践上讲，欣盛公司的实际情况恰好符合上述理论假定。以成本被低估幅度最大的彩印袋子和成本被高估幅度最大的燕京公司三合一袋子为例，彩印袋子在核算期内总产量仅为 37 265 条，却有 10 个不同的型号和批别，工艺流程最多、生产最复杂、袋子重量最低，而燕京公司三合一袋子在核算期内总产量为 171 104 条，仅有 1 个型号，且生产工艺多年不变，职工尤其是一线操作工人耳熟能详，生产最简单、袋子重量最高。由此造成彩印袋子在生产过程中调机成本高、废品多、生产协调成本高，且许多型号都是新产品、生产效率低，从而导致彩印袋子的生产成本比其他品种大大增加。但是，在传统成本法下，欣盛公司却按照袋子的重量向各产品分配制造费用，而彩印袋子重量又是最低的，所以造成了对彩印袋子成本的严重低估。反之亦然，造成了对燕京公司三合一袋子成本的严重高估。作业成本法则采用了相对较多的较为合理的分配方法，从而准确了成本信息。

以上对欣盛公司两种极端的产品进行了较为详细的说明，对其他产品的分析遵循同样的思路，得出了同样的结论。

由此可以看出，作业成本法在纠正传统成本法对产品成本的扭曲、准确成本信息方面的功效在欣盛公司得到了较好的验证。

7.4.2　产品盈利性及行业竞争地位分析

作业成本法计算的产品成本在条件允许的情况下充分考虑了与产品消耗作业直接相关的全部资源费用，以及资源消耗与产品作业和作业成本与产品之间的相关性，所以计算出的产品成本比传统成本法计算的成本真实且更具科学性。因此，利用作业成本法提供的成本信息进行的产品盈利水平分析为我们提供了产品的直接消耗和基本盈利能力，是分析企业竞争能力、制定生产决策与市场营销战略的基础。

根据作业成本法提供的成本信息，对照欣盛公司 20×7 年 10 月份的产品销售价格，可计算出各种产品的毛利和毛利率，用于分析产品的盈利性。通过初步测算，欣盛公司毛利的 80%以上是由燕京公司二合一袋子和燕京公司三合一袋子创造的，其中燕京公司三合一袋子毛利率最高，达 42%，而燕京公司二合一袋子毛利率稍低一些，达 26.3%，但因其数量特别巨大，也创造了绝对数额较大的毛利贡献。其他产品毛利率很低，甚至为负数，达–47.5%。

由此可见，燕京公司二合一袋子和燕京公司三合一袋子是欣盛公司的主要利润来源，它们创造的丰厚利润被其他产品无情地侵蚀掉了。

在产品成本一定的情况下，产品的盈利能力取决于价格。但由于历史原因、体制等因素的影响，燕京公司对塑编袋的定价明显偏高，主要是由于非经济因素的影响，而绝非是完全竞争条件下的市场价格。因此，燕京公司二合一袋子和燕京公司三合一袋子创造的丰厚利润绝不是真正意义上的市场盈利能力。相反，其他产品完全面向市场，市场盈利能力相当差，说明欣盛公司的产品成本过高，市场竞争力较弱。除品牌、质量、信誉等因素外，单从成本来说，欣盛公司在塑编行业中的竞争力处于中下水平。

一般而言，对于在市场中处于垄断地位的产品，如果利用作业成本法所计算出的毛利率为负值，则可以适当提高其售价，以提高盈利；如果毛利率为正值且能弥补应分摊的期间费用，达到企业的正常盈利水平，则可以维持原有的销售价格，以获取超额利润。而对于在市场中处于激烈竞争地位的产品，如果利用作业成本法所计算出的毛利率为负值，且其生产能力可以较为容易地转移到其他系列产品的生产中，则可以考虑放弃该产品的生产；相反，如果毛利率为正值，且能弥补应分摊的期间费用，且超过企业的正常盈利水平，则可以考虑适当降低产品的售价，以扩大市场占有率。实际上，我国塑编市场总体就是一个激烈竞争的市场，在国内，绝大多数塑编产品没有垄断性可言。但在国际市场上，我国塑编产品具有较强的竞争优势，在一定程度上具有垄断性，价格具有较大的弹性，因此，搞好产品出口是企业乃至整个行业能否取得竞争地位的关键，但这要靠国内众多塑编企业、行业协会和政府的共同努力，做到有序竞争、共同对外。就欣盛公司而言，产品全部是在市场上处于激烈竞争的产品，但因为全年的生产任务量处于盈亏平衡点的周围，生产能力得不到充分利用，提高设备利用率还有较大空间，尽管有些产品利用作业成本法所计算出的毛利率很低甚至为负数，但为了降低单位产品分摊的固定费用，也不能轻言放弃。由于成本高，在国内开发新的市场困难很大。另外，燕京公司袋子虽然毛利率很高，但由于这一资源的稀缺性和体制等原因，欣盛公司不能也不愿意擅自降低价格，换一句话说，即使冒很大风险降低价格，也不可能扩大在燕京公司的市场，因此，从市场营销战略来说，欣盛公司必须在确保现有市场的前提下，努力开拓国际市场，走外向型发展的路子。从产品结构来说，尽管彩印袋子毛利率低，但从品牌、质量、信誉等因素综合考虑，正是欣盛公司的优势所在，因其工艺流程多、生产复杂、质量要求高，一般的塑编企业难以生产；柔性集装袋毛利率较高，但因设备、技术、工艺等较复杂，一般的塑编企业也难以生产，而欣盛公司已有相当丰富的生产经验和技术优势，因此，欣盛公司的国际市场营销战略应该是以质量上乘、价格适中的柔性集装袋、彩印袋等中高端产品为龙头，全面带动塑编产品的出口。

因此，欣盛公司必须立足市场，眼睛向内，运用先进的成本管理方法，努力降低产品成本，谋求在塑编行业的成本竞争优势，从而奠定在行业竞争的基础地位。

7.4.3 运用作业成本信息进行作业分析

20 世纪 80 年代中后期以来，随着作业成本法在先进制造企业的成功应用，作业成本法开发的结果逐渐偏离了解决成本扭曲的本意，人们发现作业成本法给企业成本管理提供了很好的基础。于是，利用作业成本法提供的成本信息进行成本控制、预算管理、生产管理等的作业成本管理理论(ABM)及实务纷纷涌现。ABM 是以作业为成本管理核心的，对作业进行分析也就成为 ABM 的基本方法。彼得·托尼指出，一个完整的作业分析过程包括以下四个步骤：(1)分析哪些作业是增值的，哪些作业是不增值的；(2)分析重要性作业；(3)把企业的作业同其他企业类似作业进行对比；(4)分析作业之间的联系。国内有专家在我国制造企业初步运用作业成本法进行成本管理实践的基础上，将所有作业进一步划分为增值高效作业、增值低效作业、不增值高效作业和不增值低效作业，对作业分析法进行了改进，并收到了较好效果。

从整个塑编行业来看，欣盛公司成本水平较高，成本竞争力处于中下水平。基于作业成本法提供的信息，按照 ABM 的思路，应用价值链分析的思想对欣盛公司的上下游环节进行分析，可以发现，欣盛公司在成本管理方面有许多工作可以改进，应该根据作业成本法和 ABM 的管理原则，对这些环节实施严格的成本管理，以便提高整个企业的竞争优势。

在采购阶段，欣盛公司基本沿用传统的采购方式，根据生产需要和原料市场的价格走势及时组织进料，能够保持生产的正常进行，对经济批量、进货点、合理库存等关注较少，采购价格与原料市场价格完全正相关，很难规避原料价格上涨带来的风险，更不用说取得原料价格下降带来的利润了。从企业价值链进行分析，塑编企业原材料成本占产品成本的比重在 70%以上，因此，欣盛公司从源头降低成本应有较大空间，除了采用经济批量法控制采购批次、采购价格等常规方法，还应通过与供应商发展密切关系进一步控制甚至降低采购成本。

在销售阶段，欣盛公司整体上划分为燕京公司业务、国内业务和国际业务三部分，分别由三个部门负责，实行销售承包、收入提成、费用包干的销售政策。总体来看，这样主要存在以下四个方面的问题。一是销售政策激励不够，国内业务各自为战，不利于市场开发。二是业务人员素质有待进一步提高，现代营销理念和销售技巧还不能适应市场发展的需要。三是处理客户关系还不能做到有的放矢。从前面作业成本法提供的信息可以看出，欣盛公司盈利主要靠燕京公司三合一、二合一袋子，销售费用的大部分应围绕燕京公司和国内几个大客户开支，但由于现有销售政策的局限性，销售费用尤其是其中的公关费用有平均化的倾向，不利于巩固和扩大客户市场。四是传统成本核算办法在一定程度上扭曲了产品成本，不可避免地存在不知产品成本而盲目定价的情况，导致有的产品定价过高，吓跑了客户，丢掉了市场，而有的产品定价过低，蚕食了企业利润。

在生产阶段，从企业价值链进行分析，欣盛公司更是存在许多问题，有的还比较严重。第一，生产计划的安排不科学，生产调度缺乏权威性，导致各作业之间的衔接存在脱节，各作业的生产任务不平衡，加上人员的问题，经常出现作业瓶颈，尤其是圆织作业，严重影响了企业整个价值链的增值效率。第二，大部分设备较为陈旧，尤其是圆织机，大部分面临着更新换代，效率低下，废品率高，维修费用逐步增加，使圆织作业成为低效增值作业，严重影响了企业整个作业链功能的发挥。圆织作业成本与同行业其他企业相比较高。第三，作业链存在问题，理想的作业链应是作业与作业之间环环相连、无开断和重叠，作业与作业之间的等待、延误应最小。欣盛公司生产线和厂房的设计、安排存在许多不合理的地方，原料库、半成品库、成品库和各个作业场地的布置不合理，导致搬运、等待等不增殖作业大幅增加，耗费了企业资源。第四，企业资源的有效性存在问题。欣盛公司生产线上的设备有的利用率很低，许多库存物资是多年积存下来的陈旧物资，而又有许多设备急需更新改造，应在作业分析的基础上，在一定程度上对企业资源进行重新配置。第五，产品研发能力较差。欣盛公司没有专门的产品研发部门和人员，对新工艺、新材料和新产品的追踪、研究、设计关注不够，以至多年来一直沿用老工艺，产品没有本质性的改进，对从工艺角度如何降低成本研究不够，导致产品从源头上一直居高不下。

7.4.4 实施作业成本法应注意的问题

通过对欣盛公司应用作业成本法的研究和分析，实施作业成本法应注意以下问题。

(1)作业成本法的实施必须取得企业最高管理层的认同与支持。作业成本法不是仅仅依靠会计人员即能完成的工作，它尤其需要企业领导的高度重视和积极参与，从企业战略高度去看待成本问题、解决成本问题，这是成功应用这一先进成本管理方法的先决条件。作业成本法的具体核算和管理系统必须同企业的总体管理体系相互协调，才能取得管理层的支持，才能发挥应有的效用。

(2)必须强化基础工作，为推行作业成本法做好各方面准备。一是必须加强作业成本法知识培训，使公司中层以上领导掌握作业成本法的基本知识、实施步骤及其对促进企业管理的巨大好处，使作业成本法作为一种新的管理理念深入人心，取得广大员工、管理者，尤其是高层管理者的认同、参与和支持。二是加强企业信息化建设，尽快研究、设计企业管理信息系统，为实行作业成本法提供技术和信息支持。三是提高现有财会人员的职业素质。由于作业成本法是一种全新的成本计算和成本管理方法，现有财会人员无论从知识储备还是工作技能上都无法适应实施作业成本法的要求，必须强化培训，使其先行一步，掌握作业成本法的基本内容和运转程序。

(3)企业推行作业成本法必须结合自身的具体情况。作业成本法在各国企业运用的经验告诉我们，并不是任何企业都适合运用作业成本法。作业成本法的实施成本很高，需要处理大量的数据，也需要高素质的人员进行配合。在组织内全面而又完整地实施作业成本法是很困难的。但作业成本法的优点是不一定要全面、完整地实施才能见效，部分实施也能见效，只不过存在效力强弱的问题。部分具备运用作业成本法条件的企业，或者企业中的某一部门可以先行实践，不一定要等全面符合条件后再实施。

(4)应用作业成本法必须掌握其实质。作业成本法重在管理，而非计算。应用作业成本法应该重点强调其作为一种管理思想的指导作用，更多的是作为一种管理思维模式运用于企业的产品设计、定价、顾客获利能力分析、质量管理等诸多管理实践中，以广泛更新企业的管理理念，科学地分析、解决问题，而不应局限于一种机械的成本计算手段，这样才能体现作业成本法的本质意义。这也可能成为我国企业运用作业成本法管理理念，创新成本管理方法的一种模式。

7.5 案例小结

以上对欣盛公司成本管理现状、作业成本法的理论概况做了介绍，也对作业成本法在欣盛公司的具体应用及效果等内容进行了实证研究和分析。通过研究和分析，对欣盛公司实施作业成本法得出如下结论。

(1)欣盛公司应用作业成本法具有必要性和可行性。欣盛公司由于所处行业及企业实际等原因，在成本管理方面存在诸多难以解决的问题，严重影响了企业的市场竞争力，必须寻求新的更加科学合理的成本管理方法，要求企业从战略成本管理的高度上应用作业成本法。而欣盛公司在内部管理、生产技术、外部环境等方面又具备了初步实施作业成本法的基本条件。因而，欣盛公司应用作业成本法具有必要性和可行性。

(2)欣盛公司可以局部地简易地应用作业成本法。按照作业成本法的理论，对欣盛公司整个生产系统应用作业成本法进行了实证研究。研究表明，欣盛公司因体制、技术、企业管理水平等方面的原因，在实际工作中，只能从管理而非会计角度应用作业成本法，将其作为一种辅助的、简易的成本核算方法，并局部地应用于企业，待企业管理水平提高、信息化手段改进、体制环境允许时，可以使用作业成本法完全取代传统成本法进行会计核算和成本计算。

(3)欣盛公司应用作业成本法效果显著。运用作业成本信息，通过对作业成本法与传统成本法进行比较，使作业成本法在纠正传统成本法对产品成本的扭曲、准确成本信息、发现浪费、促进企业管理等方面的独特优点和功效得到了充分、全面的验证。虽然欣盛公司还不完全具备在日常核算中实行作业成本法的条件，但作业成本法作为一种成本计划、核算、控制相结合的完全成本管理制度，欣盛公司完全可以利用作业成本法独特的优点对成本进行管理，达到提高质量、控制成本的目的。

(4)欣盛公司可以通过作业成本法促进战略成本管理。作业成本法将着眼点放在作业活动和资源消耗上，有利于控制和降低成本，其灵活性也适应了多变的顾客需求。所以，作业成本法是战略成本管理向作业层面的渗透，而战略成本管理则是作业成本法拓展延伸到上游的生产采购和下游的销售环节的一个系统，两者之间是相辅相成、互为依托的。欣盛公司可以应用作业成本法实行战略成本管理，通过动态的作业分析和作业管理，进行作业链和价值链分析，发现浪费，找到可能降低成本的地方，提高作业效率，完善定价决策，为企业创造新的价值。

第 8 章

南方物流公司配送中心投资建设的财务评价

8.1 案例背景

南方物流公司是润润医药集团的全资子公司，如本书第 1 章中所描述的。南方物流公司为润润集团公司下属五个医药销售公司提供物流服务。在过去的两年中，润润医药集团下属五家销售公司的业务一直比较稳定，每年维持在 30 亿元以上，按照货值比例 0.5%的收费标准，南方物流公司这两年的营业收入都维持在 1500 万元以上。目前，南方物流公司在广州市内拥有一个配送中心，负责润润集团下属五家销售公司的医药货物接收、仓储、配货、配送等业务，配送中心拥有仓储面积 6000 平方米。

第 8 章 案例导读

润润医药集团近期聘请专家进行了新一轮的战略规划，新的战略规划中提出，润润医药集团应该抓住机遇，利用自身实力开展横向并购活动，通过兼并、控股、参股等活动来扩大自身的市场份额。专家提出，在未来的 5 年中，润润医药集团的药品营业额计划从目前的 30 亿元提高到 100 亿元。

与之相对应，南方物流公司的业务量也将随之增加。一方面，南方物流公司针对润润医药集团服务的货物周转量也将从现在的每年 30 亿元增加到 5 年后的 100 亿元。另一方面，针对目前民营中小型医药商业零售企业的崛起，南方物流公司也可以根据自身的服务能力适量地为集团外的医药企业提供第三方物流服务。

基于这样的发展思路，润润集团和南方物流公司管理层认识到，目前在广州市内的 6000 平方米库房面积远远不能满足业务发展的需求。另外，考虑到广州市内交通拥堵状况日益加剧，集团管理层也有意将物流配送中心迁移到广州市郊，这样有利于配送中心面向全省范围开展配送业务时提高配送的速度。于是，经过多方的协商，在广州市郊的开发区选定了新的物流配送中心地址，并且聘请专业物流科技企业进行了物流配送中心的整体规划。

作为投资可行性研究报告的重要组成部分，投资财务分析是不可或缺的。下面的内容就是南方物流公司投资建设新物流配送中心的可行性研究报告中的财务分析部分。

8.2 配送中心投资建设的财务数据估算

8.2.1 项目投资估算

项目投资由购买土地使用权、土建设施、物流设备、计算机系统等几项投资组成。

根据物流中心的总平面布局、总体规划方案以及各区域的设备配置方案，对配送中心的总投资进行估算，如表 8-1 所示。

表 8-1 总投资概算

序　号	项　目	投资(万元)	备　注
1	土地使用权	1050	
2	土建设施	1903	
3	配送中心设备	2376	
4	计算机管理控制系统	607	
5	公用工程设施	216	
6	流动资金投资	500	
总计		6652	

8.2.2 物流服务营业收入估算

项目建成后，将有效促进公司业务量的增长和物流成本的节约。表 8-2 是对配送中心建成后出货业务量的预测情况。

表 8-2 配送中心出货业务量预测

时间(年)	自营业务出货量(万元)	第三方物流服务出货量(万元)	总出货量估计(万元)
2019	355 885	80 000	435 885
2020	409 267	160 000	569 267
2021	470 658	320 000	790 658
2022 年及以后	541 256	510 000	1 051 256

按照规划，配送中心将在 2018 年建成(2017 年和 2018 年为投资建设期)，2019 年正式投入运营。配送中心的物流服务收入主要是依据表 8-2 出货业务量的预测，假设其中零售部分的物流服务收费标准为出货业务量的 2%，批发部分物流服务收费标准为出货业务量的 0.5%。另外考虑到南方物流公司的现有场地出租收入，对 2019 年以后配送中心建成后的收入总计预测如表 8-3 所示(考虑到所投资固定资产的综合折旧问题，假定本项目的寿命期为 15 年，即从 2019 年到 2033 年)。

表 8-3 物流服务业务收入预测

时间(年)	总出货量估计(万元)(1)	商业批发出货业务量(万元)(2)=(1)*99.2%	商业批发物流服务业务收入(万元)(3)=(2)*0.5%	商业零售出货业务量(万元)(4)=(1)*0.8%	商业零售物流服务业务收入(万元)(5)=(4)*2%	原有场地出租收入(万元)(6)	营业收入总计预测(万元)(7)=(3)+(5)+(6)
2019	435 885	432 397.92	2161.99	3487.08	69.74	100	2331.73
2020	569 267	564 712.86	2823.56	4554.14	91.08	100	3014.65
2021	790 658	784 332.74	3921.66	6325.26	126.51	100	4148.17
2022	1 051 256	1 042 845.95	5214.23	8410.05	168.20	100	5482.43
202～2033 年每年	1 051 256	1 042 845.95	5214.23	8410.05	168.20	100	5482.43

8.2.3 运营成本费用估算

1. 固定资产折旧

项目的总投资额测算为 6652 万元。其中流动资金 500 万元，其余投资 6152 万元，看成固定资产与无形资产投资，需要计提折旧。这里，我们假定项目统一从 2019 年开始计提折旧，采用综合折旧法，综合折旧年限 15 年。固定资产残值按固定资产的 5%计算，为 307.6 万元，则可以计算每年的折旧额为 389.63 万元。

2. 人员工资与福利费

配送中心定员 93 人，按每人每年 2.5 万元工资计算，计每年工资支出 232.5 万元；按工资总额的 14%计提福利费，福利费支出 32.55 万元；各种社会保险费支出，按工资总额的 20%计，每年各种社会保险费用支出 46.5 万元。计每年的人工支出 311.55 万元。

3. 其他固定成本与费用

固定资产保险和修理费按固定资产总值的 2%计算，计 6152×2%=123.04 万元；电话(包括手机)计 50 部，通信费用按每月每部 400 元计算，年通信费合计为 20 万元；网络专用线使用费每年为 40 万元；每年差旅费及业务活动费用为 80 万元；土地使用税按每平方米 6 元计算，占地面积为 2 万平方米，土地使用税计 12 万元；房产税按从价计征方法，每年应缴纳约 28 万元；水电费用每年约 80 万元；其他固定管理费用计 100 万元。共计其他固定成本与费用 483.04 万元。

以上三项固定成本合计 1184.22 万元。

4. 变动成本与费用

业务运营的变动成本与费用，包括装卸费、燃油费、车辆养路费、维护修理费、运输费、路桥费以及其他变动管理费用、营业费用、广告费用以及相关税金等。按照物流运营的一般规律，假定变动成本率为 43.3%，则各年其他变动成本可以计算如表 8-4 所示。

表 8-4 变动成本与费用计算

单位：万元

年　限	2019 年	2020 年	2021 年	2022～2033 年
营业收入预测	2331.73	3014.65	4148.17	5482.43
变动成本与费用	1009.64	1305.34	1796.16	2373.89

5. 项目成本费用估算汇总

项目成本费用估算汇总如表 8-5 所示。

表 8-5　项目成本费用估算汇总

单位：万元

年份	土地使用税和房产税	折旧费	修理保险费	人工费用	通讯费	差旅及业务费	水电费	其他办公费用	变动成本	成本费用总计
2019	40	389.63	123.04	311.55	60	80	80	100	1009.64	2193.86
2020	40	389.63	123.04	311.55	60	80	80	100	1305.34	2489.56
2021	40	389.63	123.04	311.55	60	80	80	100	1796.16	2980.37
2022	40	389.63	123.04	311.55	60	80	80	100	2373.89	3558.11
2023～2033 年每年	40	389.63	123.04	311.55	60	80	80	100	2373.89	3558.11

8.3　配送中心投资建设的财务评价

8.3.1　项目盈利能力及现金流量分析

项目带来的收益及营业现金流量计算如表 8-6 所示。

表 8-6　利润及营业现金流量表

单位：万元

年　　份	销 售 收 入	营业成本与费用增加	利 润 增 加	所　得　税	净　利　润	营业现金流量
2019	2331.73	2193.86	137.87	45.50	92.38	482.00
2020	3014.65	2489.56	525.09	173.28	351.81	741.44
2021	4148.17	2980.37	1167.80	385.37	782.42	1172.05
2022	5482.43	3558.11	1924.32	635.03	1289.30	1678.92
2023～2033 年每年	5482.43	3558.11	1924.32	635.03	1289.30	1678.92

8.3.2　投资经济效益指标分析

项目相关现金流量分析如表 8-7 所示。

表 8-7　现金流量表

单位：万元

年　份	固定资产无形资产投资	流动资金投资	营业现金流量	流动资金和固定资产残值回收	净现金流量	累计净现金流量	累计贴现净现金流量
2017	−3076.00				−3076.00	−3076.00	−3076.00
2018	−3076.00	−500.00			−3576.00	−6652.00	−6436.90
2019			482.00		482.00	−6170.00	−6011.14
2020			741.44		741.44	−5428.56	−5395.61
2021			1172.05		1172.05	−4256.51	−4481.12
2022			1678.92		1678.92	−2577.59	−3249.94
2023			1678.92		1678.92	−898.67	−2092.81

续表

年　份	固定资产无形资产投资	流动资金投资	营业现金流量	流动资金和固定资产残值回收	净现金流量	累计净现金流量	累计贴现净现金流量
2024			1678.92		1678.92	780.25	−1005.29
2025			1678.92		1678.92	2459.18	16.82
2026			1678.92		1678.92	4138.10	977.45
2027			1678.92		1678.92	5817.02	1880.30
2028			1678.92		1678.92	7495.94	2728.84
2029			1678.92		1678.92	9174.86	3526.34
2030			1678.92		1678.92	10 853.79	4275.87
2031			1678.92		1678.92	12 532.71	4980.32
2032			1678.92		1678.92	14 211.63	5642.39
2033			1678.92	807.6	2486.52	16 698.15	6563.96

根据上述数据，计算项目经济效益评估指标结果如下：

净现值 NPV=6563.96（万元）；

内部收益率 IRR=16.57%；

静态投资回收期=5.54（年）；

投资报酬率=16.73%；

动态投资回收期=6.98（年）。

注：贴现率按借款利率 6.4%计算。

8.3.3　项目风险与盈亏平衡分析

在本项目中，由于配送中心的建设主要是为公司自身以及集团公司业务部服务的，因此，本项目建成后的风险主要来自公司和集团公司业务部的业务发展，以及集团公司对物流配套服务的相关政策和发展思路。根据目前的发展趋势，前面关于业务量的预测是可以实现的。从这个角度看，该项目的风险相对比较小。

项目完工投产达到设计能力后，每年可实现物流服务营业收入增加 5482.43 万元，净利润 1289.30 万元。按照前面关于固定成本和变动成本的分析，可以对该项目进行盈亏平衡分析如图 8-1 所示。

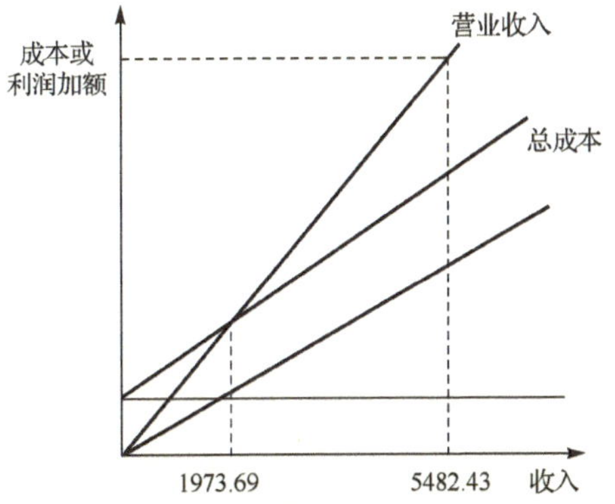

图 8-1　盈亏平衡分析

从图 8-1 中可以看出，项目投产后的保本点营业收入为 1973.69 万元，项目安全边际率达到 64%。也就是说项目完成后，配送中心的出货量能达到 39.47 亿元以上，就可以达到该配送中心建设项目的盈亏平衡。

在项目投资的可行性评价中，进行风险分析的方法主要有两种，一种是项目的盈亏平衡分析，另一种是敏感性分析。在本案例中，进行了盈亏平衡分析，同学们如果有兴趣，可以进一步对本项目进行敏感性分析。

8.3.4 财务评价的结论

从上述经济分析可以看出，在计算期内，本项目全部投资的财务净现值为 6563.96 万元，内部收益率为 16.57%，静态投资回收期为 5.54 年，平均投资报酬率为 16.73%，财务指标较好，因此，项目在财务上是可行的。另外，从盈亏平衡分析看，该项目的安全边际率达到 64%，风险相对也不大。

第 9 章

企业的成本控制策略

9.1 沃尔玛大卖场的成本控制

9.1.1 公司简介

沃尔玛百货有限公司由美国零售业的传奇人物山姆·沃尔顿于1962 年在阿肯色州成立。经过五十多年的发展，沃尔玛公司已经成为世界最大的私人雇主和连锁零售商，多次荣登《财富》杂志世界500 强榜首及当选最具价值品牌。

第 9 章 案例导读

沃尔玛致力通过实体零售店、在线电子商店，以及移动设备终端等不同平台，以不同方式来帮助世界各地的人们随时随地能够节省开支，并生活得更好。每周有超过 2.5 亿名顾客和会员会光顾沃尔玛在 27 个国家拥有的超过 70 个品牌的约 11 000 家分店以及遍布 11 个国家的电子商务网站。2014 财政年度(2014 年 2 月 1 日至 2015 年 1 月 31 日)的净销售金额达到近 4857 亿美元，全球员工总数约 220 万名。一直以来，沃尔玛坚持创新思维和服务领导力，一直在零售业界担任领军者的角色；更重要的是，沃尔玛始终履行“为顾客省钱，从而让他们生活得更好”这一企业重要使命。

沃尔玛对中国经济和市场充满信心，并致力于在中国的长期投资与发展。沃尔玛于1996 年进入中国，在深圳开设了第一家沃尔玛购物广场和山姆会员商店。经过 19 年在中国的发展，已拥有超过 10 万名员工。专注于开好每一家店，服务好每一位顾客，履行公司的核心使命，不断地为顾客、会员和员工创造非凡。

沃尔玛率先提出了大卖场的概念，简单地说即万种商品，低价销售。作为中国发展最快的零售形态，主要是以极有竞争力的价格提供广泛的食品和非食品，本身能较好地涵盖标准食品超市和百货商店的经营内容。大卖场的商品组合采取将销售额向少数品种高度集中的方法，以达到大量销售的目标，这一商品组合方法在总体上能够满足消费者一次性购足的要求。

首先，沃尔玛提出“帮顾客节省每一分钱”的宗旨，并在实际中实现了价格最低化的承诺。沃尔玛还向顾客提供超一流服务的新享受，坚持“服务胜人一筹、员工与众不同”的原则。走进沃尔玛，顾客便可以亲自感受到宾至如归的周到服务。

其次，与其他大卖场一样，沃尔玛推行“一站式”购物概念，顾客可以在最短的时间内以最快的速度购齐所有需要的商品，“一站式”的新方式大大吸引了现代消费者。

比其他大卖场更具特色的是，沃尔玛特具有五项竞争力，即成本控制能力、业态创新能力、快速扩张能力、财务运作能力和营销管理能力。正是此五项核心竞争力使得沃尔玛成为世界大卖场战场上的霸主，而后四项竞争力都是围绕成本控制能力运行的，最终在不同的方面节省了沃尔玛整个运营的大成本，即“一站式”概念的核心为“成本控制”。

9.1.2 沃尔玛成本控制的举措

“天天平价，始终如一”这一看似平凡的商业口号，每天都召唤着成千上万的消费者走近沃尔玛，而沃尔玛强居世界商业之林的最终原因正是归功于这一口号，而这一口号的核心正是“成本控制”。严格控制供应链每一环节的成本，从而可以以最低价格出售商品，在价格上获得优势，争取到尽可能多的消费者。

1. 低成本的采购策略

大卖场作为零售业，是直接与消费者打交道的行业，顾客即为上帝，取得顾客的青睐才是立足的根本原因。所以，卖场企业生存的根本法则即为满足顾客的需求。走进大卖场的群体都有一共同特点——非奢侈品消费者的中低端大众群体，而此类群体的最大需求即为商品价格。沃尔玛对此理解得尤为透彻详细，从采购上就降低成本。

采购是成本管理的起点，为降低购货成本，沃尔玛采取直接购货、统一购货和辅助供应商降低成本三者相结合的方式。这种方式实现了完整的全球化适销品类的大批量采购，并形成绝对的低成本采购优势。

商场如战场，很多商家为了规避经营风险采用代销的经营方式，而以沃尔玛为代表的大卖场一般却直接实施“大买断”的政策。这种购货方式有一定的商业风险，但能从供应商的角度出发，能够对他们的利益进行保护，从而大大激发供应商与沃尔玛建立业务的积极性，赢取供应商的信赖并同供应商建立起友好融洽的合作关系，从而保证最优惠进价，大大降低购货成本。据统计，沃尔玛绕开中间商，实行向生产厂家直接购货的策略，使得采购成本降低了 2%～6%。

另外，沃尔玛主要还采取了集中的采购制度，由总部实行统一的采购和配货，沃尔玛总部通常将一年销售的商品一次性与供应商签订采购合同。中央统一控制，集中采购，数量可想而知。因为巨大的数量，其从供应商获得的价格优惠远远高于同行，形成他人无法比拟的低成本优势。

2. 各个卖场零库存

观察分散在各个地域的沃尔玛，其内存仓储是非常小的，因为在沃尔玛，所有的商品是不存货的。分散订货——本地集中存货——不断补货的一般卖场仓储流程耗费大量人力、物力，大大加大了产品成本以及期间费用。沃尔玛彻底摆脱此种旧有的模式，建立大型配送中心，由配送中心集中进行商品配送，各分店无存货，将各分店所需货物在规定日期内安全、准确地送达。有效的商品配送是保证沃尔玛达到最大销售量和最低成本的存货周转及费用的核心。现在沃尔玛拥有的 20 多家配送中心分别服务美国 18 个州的 2500 多家商场，每个配送中心平均占地约 10 万平方米。整个大卖场所经营的 8 万种商品，年销售额超过 1300 亿美元，85%的商品由这些配送中心供应。

这种建立配送中心的方法，提高了库存周转率，缩短了商品储存时间。统一的大配送中心大库存模式，有效避免了公司在正常库存条件下由各店铺设置仓库所付出的较高成本。

3. 低成本的中间销售费用

在大卖场销售过程中，中间每一个环节都体现了对成本的高度控制。

首先，对商品供应商免除入场费与上架费。以市价 300 元的茶叶为例，供应商给一般商家的价格为 130 元左右，这些商家还要收取入场费、上架费等不确定的费用。沃尔玛没有这方面的费用，得到供应商的报价只是 100 元。与竞争对手相比，沃尔玛采取不收其他费用的策略，赢得了在商品进价方面 30 元的相对优势。按照一般理财的观念，在获得了比较大的相对价格优势后，企业只要采取与竞争对手贴近的价格销售商品，就可以获得比较高的销售利润了。但沃尔玛采用比竞争对手低 20%左右的差价销售商品，这就是“天天低价”的原因。

其次，沃尔玛大大压缩了广告与宣传的期间销售费用。众所周知，产品成本的期间费用由销售费用、管理费用等构成，而广告等宣传手段所产生的费用则占很大的比例。沃尔玛每年在媒体上只做几次广告，他们认为公司廉价质高的商品就是最好的广告。有数据统计，无论在美国还是世界上其他地方，沃尔玛都很少做广告。美国一般大型百货公司每年在电视或报纸上要做 50 至 100 次广告，而沃尔玛却平均只有 12 次。不仅如此，沃尔玛的宣传广告的简朴程度让人不可想象，仅仅是黑白两色的几张纸，彩色的宣传都非常少见。而这样的广告宣传页也不是谁都能得到的，顾客只有在购物超过百元时才能得到一张！更让人吃惊的是，广告上的模特也是“肥水不流外人田”，大多是沃尔玛员工们的子女或亲戚。

此外，在销售费用、管理费用等期间费用上，沃尔玛尽可能地将成本压到最低。在运销成本方面，竞争对手一般为销售额的 5%，沃尔玛为 1.5%；在商品损耗方面，竞争对手的商品损耗率为 2%，沃尔玛为 1.1%；在人工成本方面，沃尔玛 1.8 万平方米营业面积可经营约 2.5 万种商品，营业员人数只有 300 人，而同样经营规模的其他卖场一般需 2000 人左右。

据了解，在卖场销售中，电费是仅次于人工费的主要开支，而沃尔玛为控制成本，采用 LED 灯作为通用照明后，新开店的节能率能达到 15.06%，旧店改造的节能率能达到 14.35%。

从 2008 年开始，沃尔玛在中国的门店进行节能照明方案的改造和实施，为其旗下的超市提供包括主照明、冷柜照明、生鲜照明、室外广告牌照明等最先进、最全面的 LED 照明产品和解决方案。根据这 100 家超市改造前后的电费对比，一家大型沃尔玛超市每年可节约近 100 万度电，相当于节省 1200 桶原油。在完成 100 家店铺改造之后，沃尔玛超市每年可节约近 760 万美元的电费，占原先照明成本的 50%，占总体电费的 15%。

截至 2014 年年末，沃尔玛将所有的在华店铺进行了系统节能改造，从期间费用上大大降低了成本。

4. 低成本的物流系统

此外，沃尔玛成本控制的另一重点举措为从物流上另辟蹊径，控制成本。

沃尔玛组建了专业的物流车队。在美国，沃尔玛的物流运营以卡车公路运输为主，空运和船运为辅。在中国，沃尔玛100%采取公路运输。物流运营如何降低卡车运输成本，是沃尔玛物流管理、成本控制面临的重要问题。在车队上，沃尔玛采取了以下措施。

(1)运输车队的卡车要尽可能大，通用的是16米加长的货柜，甚至比集装箱运输车更长、更高。

(2)货物在卡车里装得非常满，从车厢的底部一直装到最高，“死抠”的精神大大减少了成本。

(3)为保证长途货运，配备大量物流员工，整个配运中心，大约有5000名非司机员工，还有3700名司机，车队每周一次运输可达7000～8000千米。

(4)卡车运输非常危险，极易发生交通事故，沃尔玛认为卡车不出事故就是节省费用，就是最大限度地降低物流成本。因此，对于运输车队来说，保证安全是节约成本最重要的环节，政策上“狠抓驾驶”，运输车队创造了300万千米无事故的纪录。

(5)采用最先进的全球定位系统对车辆进行定位，因此在任何时候，调度中心都知道这些车辆在什么地方，离目的地有多少距离，还需要多长时间能够到达运送目的地，这种估算可以估算到小时。在整个物流体系当中，沃尔玛知道卡车在哪里、产品在哪里，就可以提高整个大物流系统的效率，有助于降低成本。

(6)沃尔玛连锁商场的物流部门24小时进行工作，无论白天或者晚上，都能为卡车及时地卸货。即运输车队利用夜间进行从出发地到目的地的运输，做到了当日下午进行集货，夜间进行异地运输，次日上午即可送货上门，保证15～18小时内完成整个运输过程，这是在速度上取得优势的重要举措。

9.1.3 沃尔玛财务报表分析

观察沃尔玛公司2014年8月1日到2015年7月1日一个会计年度四个会计季度的财务报表，从以下几个角度，能形象生动地分析出沃尔玛的成本控制情况。在列表中姑且将以上季度编号为季度一、季度二、季度三、季度四，计数单位为百万美元。

(1)盈利能力分析如表9-1所示。

表9-1 四个季度的盈利能力分析

单位：百万美元

	季 度 一	季 度 二	季 度 三	季 度 四
毛利	29 754.00	32 450.00	28 343.00	30 173.00
净利润	3711.00	4966.00	3341.00	3475.00
毛利率	0.250	0.247	0.247	0.251
净利率	0.031	0.038	0.029	0.029
营业收入	119 001.00	131 565.00	114 826.00	120 229.00

在这四个季度之间，沃尔玛的销售毛利率趋于平稳，从季度一到季度二呈现略微下降的趋势，观察到季度一和季度二的营收呈上升的趋势，表明销售成本有上升的趋势。

四个季度中，沃尔玛净利率稍有下降但总体保持相对稳定，从季度一到季度四，相比较毛利率，净利率下降幅度较小，说明期间费用有下降趋势，公司成本控制效率有所提高。

总体上说，无论是净利率，还是毛利率，四个季度的变化不明显，表明公司盈利能力正常，在较优的成本控制下，公司运营平稳。

(2)资产管理能力分析如表 9-2 所示。

表 9-2　四个季度的资产管理能力分析

财务指标	季度一	季度二	季度三	季度四
应收账款周转率	19.537	19.411	19.753	22.792
周转天数	18.4	18.5	18.2	15.8
应付账款周转率	3.001	3.425	3.085	3.230
付现期	119.9	105.1	116.7	111.5
存货周转率	1.733	2.196	1.867	2.001
存货周转天数	207.7	163.9	192.8	179.9
总资产周转率	0.572	0.647	0.572	0.605

查找同为五百强的卖场佼佼者——特易购的财务报表(见表 9-3)，可以做一下对比。

表 9-3　特易购资产管理能力指标

财务指标	季度一	季度二	季度三	季度四
应收账款周转率	2.953	0.966	0.816	0.770
周转天数	122.0	372.7	441.2	467.5
应付账款周转率	10.977	4.769	3.249	3.390
付现期	32.8	75.5	110.8	106.2
存货周转率	2.779	1.001	0.693	0.651
存货周转天数	129.5	359.6	519.5	552.9
总资产周转率	0.651	0.217	0.156	0.138

沃尔玛近四个季度的应收账款周转率虽小幅波动，但趋于平稳，总体保持着较高的水平，约是特易购的 6～22 倍；平均收现期仅为 17～18 天，说明沃尔玛收账速度快，坏账损失少，资金流动快，经营效率高。相比之下，特易购的收款速度就慢得多，平均将近 350 天。沃尔玛作为零售业巨头，其日常业务主要靠现金交易进行，赊销比例小，且应收账款占流动资产比率较小。同时，沃尔玛公司信奉的“天天低价”的经营理念，薄利多销，在电子商务日益发达、实体商店不景气的情况下，其年销售额反而是增加的态势。总的来说，在较完整的成本控制下，沃尔玛的应收账款周转率在大卖场零售业中占有绝对优势。

在同行业(特易购)存货周转率下降的同时，沃尔玛近四个季度的存货周转率的下降幅度较小。存货周转率越快，存货占用水平越低，流动性越强，存货转化为现金或应收账款的速度越快，可增强企业的短期偿债能力和获利能力。

沃尔玛全方位、多角度地进行成本控制，一直以来斥巨资对零售信息系统进行投资，建立了高效的、完善的计算机系统，将货物送到特定分店的时间误差不超过一个小时，将分店的库存下降至零，科学的成本控制方法也不会因为送货不及时而断货，从而大大节约了存货占用的资金，加速了库存的周转。综观零售业大卖场的财务报表，流动资产中最大的是存货，流动负债中占比最大的是应付账款。这种现象反映了大卖场行业以赊账方式进货后销售，从中赚取差价的商业模式。这也意味着倘若大卖场如果无法有效地销售存货、取得现金，将会受到强大的流动负债压力，存货大量积压也会造成存货跌价的风险。而沃尔玛公司从存货和流动负债方面控制了成本，抓住了中心，大大提高了收益。

沃尔玛近四个季度的总资产周转率基本保持在 0.6 左右，大大高于特易购。总资产周转率越高，企业资金周转越快，营运能力越强。沃尔玛通过“天天低价，薄利多销”的策略，实现资产的快速周转，提高资产使用率。报表当中，其固定资产占非流动资产的比重巨大，非流动资产占总资产的比重大，大卖场行业极重视资产，所以沃尔玛在布局上深刻体现了成本控制。沃尔玛围绕配送中心密集建店，合理布局，“一站式购物”体现了货物货流的高流量和稳定性，也提高了采购的规模经济。此外，其对信息系统方面的斥资提高了这些资产的使用效率，采用 EDI 与供应商建立自动订货系统，降低了自身系统运营的成本。

成本控制是企业增加盈利的根本途径，无论在什么情况下，降低成本都可以增加利润；成本控制是抵抗内外压力、求得生存的主要保障，企业降低成本，改进生产技术，创新产品设计和增加产销量是抵御内外压力的重要武器；成本控制是企业发展的基础，控制了成本，则可以减价扩销，实现天天低价，经营基础得以稳固。沃尔玛公司正是将成本控制应用到各个环节之中，才得以稳固其“卖场霸主”的地位。

9.2　宜家家居的成本控制

9.2.1　公司简介

宜家家居(IKEA)于 1943 年创建于瑞典，宜家品牌始终和提高人们的生活质量联系在一起，并秉承“为尽可能多的顾客提供他们能够负担、设计精良、功能齐全、价格低廉的家居用品”的经营宗旨。在提供种类繁多、美观实用、老百姓买得起的家居用品的同时，宜家努力创造以客户和社会利益为中心的经营方式，致力于环保及社会责任问题。

2015 年年初，宜家公布了 2014 年年度集团财报。财报显示，宜家集团 2014 财年净收入达到 33 亿欧元。伴随着中国和北美市场的强劲表现以及欧洲的上升趋势，市场状况持续走强。宜家集团所属商场 2014 年访客数达到 7.16 亿，超过 15 亿人次访问宜家网站。

受综合汇率影响，宜家集团销售总额相比去年增长了5.9%，达287亿欧元。包括购物中心业务的租金收入，总收入增长了2.8%，达293亿欧元。宜家集团在所有市场的份额都有所增长，其在全球的增长率为3.1%，而在中国的年收入增长率超过17%。

宜家中国在2015财年有非常精彩的表现，销售增长超过18%，可比市场销售增长10%，从而达到创纪录的105亿人民币销售额。有超过7500万人次光临宜家在中国的18家商场。在过去的2015财年，宜家俱乐部会员增长了42%，达到1350万人。与此同时，宜家官方网站的访问量达到5300万，比2014年增长52.5%。

9.2.2 宜家家居品牌营销与成本控制相结合的成功秘诀

宜家的成功秘诀在于：品牌营销与成本控制相结合。

宜家的成功之处在于，从以沃尔玛为代表的成本领先路线，和以西尔斯为代表的品牌歧异路线之外，走出了同时也是开创了第三条路：既控制品牌又控制成本，品牌与成本两相宜。

1. 自主开发品牌，对品牌的绝对控制

对于绝大多数零售商而言，制造商品牌依旧是主流，中间商品牌只能是一个有益的补充部分。但是宜家并不满足于仅仅控制哪怕是全球最大的家居产品渠道，而更希望自己的品牌以及自己的专利产品能够最终覆盖全球。基于此种理念，宜家一直坚持由自己亲自设计所有产品并拥有其专利，每年有100多名设计师在夜以继日地疯狂工作，以保证"全部的产品、全部的专利"。

从某种意义而言，宜家是世界唯一一家既进行渠道经营又进行产品经营，并且能取得成功的机构。

2. 严格的管理措施

尽管所有的产品设计工作由宜家自己进行，但为了最大限度地降低制造成本，宜家在全球范围内进行制造外包，每年有2000多家供应商会为此而展开激烈竞争，只有在保证质量的同时能达到最低成本的供应商才有可能得到大额订单，而且这些供应商在接到订单之后也并非可以"高枕无忧"，因为宜家会时常去考核他们。不仅如此，宜家每年会重新评估其供应商绩效。另外，宜家每年会对其供应商提出固定的压低生产成本的指标，使得其制造成本能够进入一个持续下降的良性循环。

3. 让价格自己说话的销售方式

宜家的通路策略是绝对的不打折扣的直销。为了保证对产品价格、销售记录、专利权的维护及整个销售体系的控制，宜家一直拒绝对旗下的产品进行批发，对大宗团购客户也不提供任何"让利"服务。另外，宜家也不出租任何自己的柜台，连餐厅都是自己亲力亲为。在终端，宜家作为一个低成本的领导厂商，极为重视在销售中发挥价格的"此时无声胜有声"的作用，采用"softsell(软销)"的方式。

9.2.3 宜家家居的成本控制策略

1. 设计方面控制研发实际成本

1) 市场定位

宜家始终秉承“为尽可能多的顾客提供他们能够负担、设计精良、功能齐全、价格低廉的家居用品”的经营宗旨。宜家的目标客户群年龄主要集中在20～45岁之间。目标消费者锁定为即想要高格调又付不起高价格的年轻人——他们非常乐意牺牲服务来换取成本的降低。

2) 先定价后设计的策略

宜家设计家具尤其是在对产品价格的控制方面有非常严格的限制。与大多数家具制造商不同，宜家先进行全面的市场调查，了解竞争产品的相关信息，预测未来的市场发展趋势，然后对产品制定市场定位和销售价格，设计师根据制定的销售价格来设计产品，从而避免了价格高于消费预期而使销售受到阻碍，进而增加库存的风险。

3) 注重设计团队的合作

宜家设计团队相互间的沟通和合作非常紧密。其设计团队的组成一般包括产品设计师、结构工程师、材料工程师、采购人员、市场销售人员等。多方合作的设计团队充分地考虑了产品的最终成本问题。

4) 模块化的设计方式

宜家为了更适应大规模生产的需要，提高边际收益，基本都是采用模块化的设计方式。一方面，模块化的设计使某些产品可以使用共享的零部件，在降低设计成本的同时降低了产品库存的风险；另一方面，可拆卸的部件提高了存储的效率，从而使运输的效率也大大提高，可以有效地降低运输成本。

5) 设计产品的连续性

宜家设计的每一款产品都与上一款保持非常好的连续性。这样的设计方式不仅可以在下一款设计中保留上一款产品所表现出的优秀设计点，还可以继续使用上一款产品的某些部件，这样一来就降低了设计和生产的成本，同时也降低了上一款产品某些部件库存的风险。

2. 从生产线的源头——原材料控制成本

宜家的采购战略执行核心是价格，以保证认可的质量、环境及社会责任为基础，以最佳采购为原则，并附之于竞争性报价和创造最优条件以节省成本。宜家在全球范围内进行制造外包、大量采购，以最大限度地降低制造成本。

1) 全球采购

宜家的供应链规模发展至今已在55个国家和地区拥有超过1300家供应商，在9个国家拥有31家宜家独资工厂。为了便于进行全球采购管理，宜家将全球采购范围划分为17个采购区域，这17个采购区域的管理者根据本地区的独特优势，建议总部采购本地物品。总部根据每个区域管理者的汇报权衡利弊，确定哪种产品在哪些区域具有较强的竞争力，然后分配区域。某一种产品或原材料可能只由一个国家供应，也可能同一种商品由不同的国家供应。

2）严格的供应商选择与管理

为了最大限度地降低制造成本，宜家在全球范围内实施生产外包，每年有2000多家供应商会为获得宜家的外包权利而展开激烈的竞争，只有在保证质量的同时能达到成本最低的供应商才有可能得到大额订单。而宜家采购管理的贡献并不仅仅在于采购价格方面的节省，更重要的是它还可以使企业与供应商建立联盟，以缩减新产品的开发成本与时间，早日进入市场，早日获得更高的利润，最终实现双方的互赢。

3）技术材料创新

宜家不断采用新材料、新技术来提高产品性能并降低价格。起初，采用平板包装降低成本，然后为了满足低成本要求，宜家的设计师采用复合塑料替代木材。后来，为进一步降低成本，宜家将一种新技术引入了家具行业——通过将气体注入复合塑料，节省材料并降低重量，更快地生产产品。这种反复修改的目的是在保证质量的情况下减少资源耗用和包装运输的成本，让创新为成本服务。

3. 通过标准化物流控制成本

宜家从门店提供的实时销售记录开始，反馈到产品中心，再到OEM商、物流公司、仓储中心，直到转回到门店，精心设计物流体系，采用“平板包装”的方式运输商品，使整个物流链的运转在IT技术的支持下极为顺畅。这样不但可以节省仓储及运输费用，大幅降低成本，而且还不影响产品的品质。宜家让顾客自己动手组装家具，自己选择付费运送或自己动手的省钱方式，还给顾客一个自由的空间。

1）平板包装

宜家最著名的特点之一就是平板包装策略。在储运方面，宜家采用平板包装，以降低家具在储运过程中的损坏率及占用仓库的空间。同时，平板包装大大降低了产品的运输成本，使得全世界范围内规模化生产成为可能，进一步降低了产品的价格。平板包装主要是通过产品设计和包装的纸盒结构共同实现的，产品设计将产品设计为小的系列部件，纸盒结构完整实现了商品的安全和精简包装空间的功能。

2）集装箱运输

在全球的采购和销售中都采用集装箱运输，并在大部分地区使用托盘作业，以此达到降低综合物流成本、使物流中心高效运作的效果。在集装箱的装卸过程中，如果使用托盘作业，每只集装箱的装卸时间只需要30～40分钟，而不使用托盘，则需3～4个小时。托盘的使用大大降低了综合物流成本，是物流中心高效运作的基础。物流中心使用的托盘规格非常多，管理上也非常细致。

3）有效装载率

随时关注装载率，通过合理改进产品设计来提高装载率。例如，装箱人员在装箱的过程中发现有一款沙发如果每张减少5厘米，一个集装箱就可以多装一张沙发，而5厘米对于使用者来说并不影响舒适度。装箱人员的意见立即通过他的领导反映到了宜家的内控系统，很快，宜家就做出了相应的更改。现在宜家在运输中所使用集装箱的平均装载率达到75%以上。

4)密集运输

宜家平均每年的货物运输量达2100万立方米，船舶运输占20%，铁路运输占20%，公路运输占 60%。宜家经过考察后发现改变送货方式可以降低物流成本。按照货物的体积计算，约有50%的货物是由供应商送到集中仓储中心，从那里再分送到展销中心；另外 50%的货物由供应商直接送到展销中心，如大型床垫，或者是长木条等体积较大的货物。

4. 从营销策略控制营运成本

1)体验式营销

宜家店中的产品都是“限量”发行的，有两种实现该目的的路径：一种是家居产品无数种组合的可能性为消费者提供了尝试性创造的可能，使彼此间相同的概率大大降低；另一种是厂家在宜家店内销售的产品是限量而且是独供的产品。这两点保证了消费者在宜家采购的产品极少能有彼此“撞车”的情况发生，使消费者心理得到满足，这是消费采购过程中的“个性化需求环节”。

2)透明式营销

宜家将营销的信息全面公开和透明，完全打破了消费者的顾虑，并节省了消费者的时间。宜家精心地为每件商品制定“导购信息”，有关产品的价格、功能、使用规则、购买程序等几乎所有的信息都一应俱全。

3)目录展示

目录展示一直被视为世界家具流行趋势的向导，它是宜家促销策略的重要组成部分，大大促进了宜家的产品销售。经过设计师的精心设计，从功能性、美观性等方面综合表现出宜家产品的特点，顾客可以从中发现家居布置的灵感和实用的解决方案，很多人都把宜家的目录当作装修指导来使用。

4)一站式体验

迎合住房的不同面积要求，卖场将成套的或单独的样板间完全按照居住的形式布置，让消费者直接体验未来家的感觉——温馨而舒适，并且提供了家具的组合和房间布局，使消费者不需要费尽心思设计布局，可以采用现场现成的方案，省去了设计成本。

9.3 蒙牛乳业的成本控制

9.3.1 公司简介

蒙牛乳业(集团)股份有限公司成立于1999年8月，总部设在内蒙古自治区呼和浩特市和林格尔盛乐经济园区，是国家农业产业化重点龙头企业、乳制品行业龙头企业。2009年7月，中国最大的粮油食品企业中粮集团入股蒙牛，成为“中国蒙牛”第一大股东。中粮的加入，推动了蒙牛“食品安全更趋国际化，战略资源配置更趋全球化，原料到产品更趋一体化”进程。

针对中国消费市场需求的不断升级，蒙牛集团不断培育出一代又一代引导市场消费潮流的拳头产品，逐渐形成四大系列400多个品项构成的全方位、立体化乳制品矩阵。继高端牛奶产品特仑苏之后，相继推出未来星儿童牛奶、蒙牛真果粒以及获得“国食健字号”证书的冠益乳、优益C等高端系列新品。蒙牛产品以优良的品质和不断创新的品类赢得了消费者的持续认可，多次荣获“最受消费者喜爱商品”、“最受信赖食品品牌”等殊荣。

中国乳品行业近十年来发展迅速，乳企市场竞争愈发激烈，甚至出现了行业恶性竞争，即使在这种恶劣的环境下，蒙牛仍跻居整个乳制品行业前列，保持稳定发展。

蒙牛已经建成了集奶源建设、乳品生产、销售、研发为一体的大型乳及乳制品产业链，规模化、集约化牧场奶源达100%以上，居行业领先地位。目前，蒙牛在全国20个省区市建立了31个生产基地50多个工厂，年产能超过810万吨，年销售额超过500亿元。荷兰合作银行刚刚公布的2015年度“全球乳业20强”榜单中，蒙牛凭借稳健的综合表现排名第11位，相比2014年排名连续上升3位。

蒙牛倡导“有质量才有未来”的理念，对标国际领先企业的质量管理模式，梳理奶源、生产、销售等产业链上的各个环节，建立起“从田间到餐桌”全产业链端到端质量管理体系，从原料到成品再到经销的每个环节，全程记录存档，确保每包牛奶的安全。

9.3.2 基于供应链的蒙牛乳业成本控制

乳制品行业的典型供应链流程如图9-1所示。

图9-1 乳制品行业的典型供应链流程

1. 牧场到奶源收集的环节

1) 牧场

澳亚国际牧场，建于2004年，占地面积8848亩，位于蒙牛总部的经济园区，约11 000头奶牛在这里提供健康奶源。核心奶源基地处在“黄金奶道”，拥有无污染的土壤、水源和空气。蒙牛牧场全面植入“动物福利”理念，让奶牛快乐生活、幸福产奶。

2) 牧草

牧草在整个乳品产业中的地位同样举足轻重，牧草质量直接影响奶牛的产奶量和产奶质量。据蒙牛合作伙伴福成牧场总经理张学介绍：“蒙牛在奶源收购上，一向是秉承按质论价的原则。蒙牛合作牧场的奶牛都是按照优质奶源的指标喂养，日常食料包括进口苜蓿、玉米、青储等，营养非常均衡。”被称为“牧场联合国”的蒙牛澳亚国际牧场，引进了12国的优良牧草品种，产出的牛奶都有很高的品质。据悉，蒙牛2015年上半年原奶平均蛋白含量在3.13克，质量非常好。

3）奶源收集

现如今，蒙牛80%以上的奶源由大型牧场和现代化小区提供，而高级且科学的“进口食品”成为蒙牛高品质奶源的坚实后盾。蒙牛对饲草的精益求精，必将在保证蒙牛产品品质的同时，为蒙牛赢得更大的市场竞争力，使蒙牛在世界乳业十强的道路上更进一步。

2. 生产加工环节

1）设备机械自动化

在蒙牛全封闭的自动化生产线上，生产设备和机器人是主角，人只是配角。从原奶入厂到产品出库，全部由中央控制系统设定程序，除去少数需要人工操作的环节外，操作人员只需在中央控制室中轻轻点击鼠标便能完成。这也被称作“看不见牛奶的生产线”。

在这条“看不见牛奶的生产线”上，自动化、无菌化操作是最大的特点。而机器人还可以帮助搬运、码垛等，大大提高了生产效率，同时也大大节约了人工成本。据了解，在高科技支持下，如今蒙牛六期工厂的日处理鲜奶能力能达2000吨。

据蒙牛工作人员介绍，作为较早引入外国先进生产技术的企业，蒙牛吸收了多家国外著名乳品生产企业的生产线设计优点，并不断改良生产线细节。在奶牛饲喂中，蒙牛引进全混合日粮（TMR）饲喂机，保证奶牛每天膳食的平衡，从而取得产奶量和繁殖率的提高。“科学的机械化辅助，不仅能减少人力负担、提高养殖效率，更能降低人为污染，保障原奶质量。”蒙牛工作人员介绍，以昭君牧场为例，世界先进的饲养模式已产生巨大效益，平均年单产达到8.6吨，平均乳脂率3.9%，乳蛋白率3.1%以上。

2）材料包装

蒙牛乳品以液态奶为主，但目前液态奶的包装形式很单一。目前，国内乳品行业的无菌包装几乎都用利乐包。由于成本昂贵，再加工利用价值大，利乐公司在北京和上海倡导专业的回收公司展开回收活动。

蒙牛在北京、上海、广州、深圳、成都等全国多个城市的多个社区和卖场进行的包装回收活动，受到了众多市民的关注，人人纷纷将家中的利乐包装收集起来再利用，为保护地球做出自己的一个改变。这样活动的举行既弘扬了绿色发展理念，又在一定程度上节约了包装成本。

3）动力

蒙牛和林格尔基地沼气发电厂的日沼气发电量近30 000度，日生产有机肥近35吨，牛粪和牛尿在这里变废为宝，节约了大量外购动力的成本。

3. 质检出厂→经销商管理→餐桌的环节

物流运输是乳制品的重大挑战之一。蒙牛目前的触角已经伸向全国各个角落，其产品远销中国的香港和澳门等地区，甚至还出口东南亚。为了在短时间内以及有效的存储条件下，以最低的成本将牛奶送到商城和超市的货架上，蒙牛采取了快速物流系统，如图 9-2 所示。

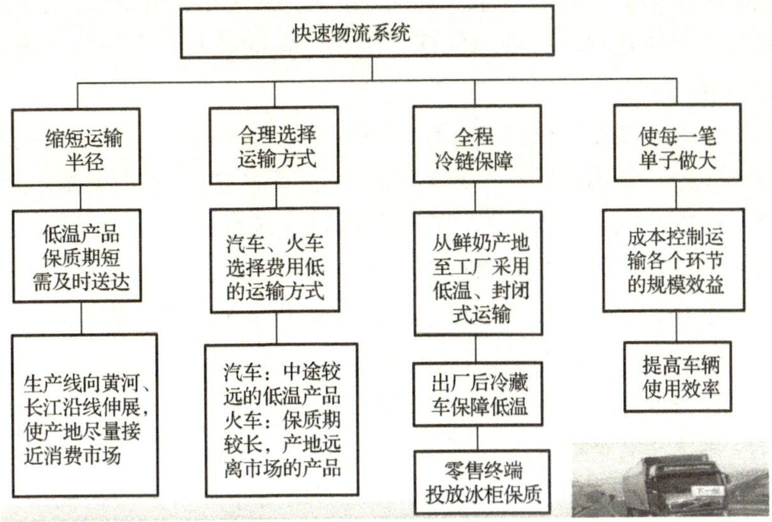

图 9-2　蒙牛的快速物流系统

1) 缩短运输半径

对于酸奶这样的低温产品，由于其保质日期较短，加上消费者对新鲜度的要求很高，一般产品超过生产日期三天以后送达商超，商超就会拒绝该批产品，因此，对于这样的低温产品，蒙牛要保证在 2～3 天内送到销售终端。

为了保证产品及时送达，蒙牛尽量缩短运输半径。在成立初期，蒙牛主打常温液态奶，因此奶源基地和工厂基本上都集中在内蒙古，以发挥内蒙古草原的天然优势。当蒙牛的产品线扩张到酸奶后，蒙牛的生产布局也逐渐向黄河沿线以及长江沿线伸展，使牛奶产地尽量接近市场，以保证低温产品快速送达卖场和超市。

2) 合理选择运输方式

目前，蒙牛产品的运输方式主要有两种，即汽车和火车集装箱。蒙牛在保证产品质量的原则下，尽量选择费用较低的运输方式。

对于路途较远的低温产品运输，为了保证产品能够快速送达消费者手中，保证产品的质量，蒙牛往往采用成本较为高昂的汽车运输。例如，北京销往广州等地的低温产品，全部走汽运，虽然成本较铁运高出很多，但在时间上能有保证。

为了更好地了解汽车运行的状况，蒙牛还在一些运输车上装上了 GPS 系统，可以跟踪了解车辆的情况，如是否正常行驶、所处位置、车速、车厢内温度等。蒙牛管理人员在网站上可以查看所有安装此系统的车辆信息。GPS 的安装，给物流以及相关人员包括客户带来了方便，避免了有些司机在途中长时间停车而影响货物及时送达或者产品途中变质等情况的发生。

而像利乐包、利乐砖这样保质期比较长的产品，则尽量依靠内蒙古的工厂供应，因为这里有最好的奶源。产品远离市场的长途运输问题就依靠火车集装箱来解决。与公路运输相比，这样更能节省费用。

在火车集装箱运输方面，蒙牛与中铁集装箱运输公司开创了牛奶集装箱“五定”班列这一铁路运输的新模式。“五定”即“定点、定线、定时间、定价格、定编组”，“五定”班列定时、定点、一站直达，有效地保证了牛奶运输的及时、准确和安全。

3）全程冷链保障

低温奶产品必须全过程都保持在2℃～6℃之间，这样才能保证产品的质量。蒙牛牛奶在“奶牛——奶站——奶罐车——工厂”这一运行序列中，采用低温、封闭式的运输。无论在茫茫草原的哪个角落，“蒙牛”的冷藏运输系统都能保证将刚挤下来的原奶在6个小时内送到生产车间，确保牛奶新鲜的口味和丰富的营养。出厂后，在运输过程中，则采用冷藏车保障低温运输。在零售终端，蒙牛在其每个小店、零售店、批发店等零售终端投放冰柜，以保证其低温产品的质量。

4）使每一笔单子做大

物流成本控制是乳品企业成本控制中一个非常重要的环节。蒙牛减少物流费用的方法是尽量使每一笔单子变大，形成规模后，在运输的各个环节上就都能得到优惠。例如，利乐包产品走的铁路，每年运送货物达到一定量后，在配箱等方面可以得到很好的折扣。而利乐枕产品走的汽运，走5吨的车和走3吨的车，成本要相差很多。

此外，蒙牛的每一次运输活动都经过了严密的计划和安排，运输车辆每次往返都会将运进来的外包装箱、利乐包装等原材料和运出去的产成品做一个基本结合，使车辆的使用率提高了很多。

蒙牛之所以成为中国领先的乳制品供应商，在一定程度上与其供应链成本的控制有很大的关联。在从牧场到餐桌的供应过程中，一方面对生产成本中原材料、人工和动力成本进行有效节约；另一方面又对出厂后物流运输成本进行严格控制，使得蒙牛在很大程度上降低了成本，做到了有效的成本控制。

9.4 ZARA与H&M成本控制

9.4.1 公司简介

1. ZARA简介

ZARA（飒拉）是Inditex集团旗下品牌，多年来排名西班牙同行业第一，并于近年超越了美国的GAP、瑞典的H&M，成为全球排名第一的服装零售集团。1975年设立于西班牙的ZARA，在世界各地56个国家内，设立超过两千多家的服装店。ZARA能够取得今天的成功不仅仅是它的品牌影响力和营销模式，更是ZARA对于成本控制做得十分独特。

2. H&M简介

H&M于1947在瑞典创立，如今H&M在全世界1500多个专卖店销售服装、配饰与化妆品。位于瑞典市StoraGatan大街的老H&M店是世界上第一家H&M专卖店。H&M品牌名是由“Hennes”女装与“Mauritz”男装品牌合并，各取第一个字母而成。H&M店中的产品多元，提供男女消费者以及儿童流行的基本服饰，同时销售化妆品。店中服饰的平均售价只有18美元。公司认为，平价才能让消费者负担得起每一年甚至每一季都去店中购买新推出的产品。这种策略最能吸引15～30岁、讲求曾经拥有而不是天长地久、希望随时都能追上流行的女性消费者。

9.4.2 ZARA和H&M的成本控制策略

1. ZARA成本控制策略

1）仓储、物流成本低

在成本控制方面，ZARA所做的就是减少仓储时间、降低物流成本，接近JIT模式。正如一句经典的话，“在时装界，库存就像是食品，会很快变质，ZARA所做的一切是为了减少反应时间”。根据相关调查数据，中国服装业的平均仓储时间一般为6～9个月，国际知名品牌的周期通常为3～4个月，ZARA最快只需要短短一周，通常为12～15天。这也就意味着，ZARA仅就仓储成本这一个环节就比其他服装企业低近70%，所以在这么快的资金周转速度下，ZARA的资金只需压7～12天就能回流，资金周转速度快，从而可以继续采购原料来设计加工，以确保ZARA的少量多款的品牌策略。这就是ZARA以低仓储低物流成本来确保少量多款的成本控制策略。在物流方面，ZARA自己建立配送中心向世界各地的专卖店运输，不仅运送成本低，更关键的是速度快。这就是ZARA能快速占领市场的重要因素，因为它有一个从设计、制作、物流到销售的完整供应链管理体系。

2）广告成本低

“零广告”是ZARA几十年的营销策略，所以和大多数国际品牌高昂的广告费来比较，ZARA的广告和设计成本十分低。ZARA并没有跟随主流的品牌宣传模式，更偏向于用盈利所得开设更多的店铺，每登陆一个新的市场，ZARA都会先在大城市中心区域的最繁华路段开店，然后再把触角伸向较小的市镇，在不做任何广告的情况下让品牌影响力辐射全国。这种发展模式几乎不用ZARA花太多的广告费，在ZARA集团里，这种策略被称为“油污模式”。这样一来，ZARA在广告费上又节省了一大部分成本。

3）设计成本低

ZARA的衣服存在一定的模仿性。其他服装品牌为一名设计师支付的高额薪酬，在ZARA可以支付两到三名设计师，甚至更多，同样节省了开销。同时，虽然花了相同的薪酬费用，但取得了不同的服装风格，满足了更多的消费者需求，使市场需求更多。

2. H&M的成本控制策略

1）拥有自己的面料储备

H&M的衣服大多是棉、麻等比较简单、廉价的材料，他们拥有自己的面料储备，不需要在设计完成后还要耗时去寻找面料，然后才能开始制作。

2）有效平衡成本与速度

H&M 推出新品的速度很快，它有两套系统来保证供货的迅速。一套是主要管控亚洲、非洲生产的高效供应链，下单较早，生产期略长，但成本足够低；另一套是主要管控欧洲生产的快速反应供应链，以最快的速度推出当季新品。

3）使用代工厂

H&M 没有自己的成衣厂，制造完全外包给代工厂。为了拿到最好的价格，公司精挑细选外包对象，这些工厂分散于全球工资最低的国家中。而且 H&M 也不拥有门店，而是从国际和当地业主手里租赁店面。

4）规避高库存

H&M 没有专门的折扣店，它在生产时就对销售的数量进行了控制。这也能解释同一款服装为什么无法“铺满”H&M 所有店面的原因。即使是热门款式，你也不能期待它生产更多，因为那需要付出风险成本。它会用丰富的款式弥补数量少的缺陷，押错了热门，代价也不大。这是饥饿营销的一种基本策略，在快时尚品牌界，人们称这个为“平价限量”。同时，H&M 与供应商之间密切合作，严格控制整个过程，同时扮演进口商、批发商和零售商的角色，尽可能地减少产品经手人数，让过程更简洁。

5）降低物流成本

H&M 建立更多仓库缩短运输距离，尽量陆路运输，货箱一律采用可回收利用的复合塑料箱。

6）降低人力成本

H&M 的店员被认为是在服装店里被找到概率最低的。公司为了节省成本，店员甚至连自己的工作服装也没有，只是在胸口位置别着一块黯淡的名牌。H&M 对门店店员没有销售提成的奖励机制。在 H&M，店员的主要职责是整理货品，因为面积庞大的店中堆积了大量货品，常常被客人翻乱，整理的工作量十分巨大。这也和快时尚提倡的“自主购买，自主搭配”的消费理念有关系。

H&M 的做法有效控制了成本，但是，也有一些问题。第一，和许多快时尚品牌一样，H&M 设计师们的灵感较少来自原创。对于品牌的设计研发中心来说，要在极短的时间内捕捉到潮流趋势，最直接的方式当然就是模仿大牌。H&M 每年花在官司和解上的费用相当可观，这已经成为它的固定支出。第二，很难控制质量。因为快速消费的需求以及没有自己的成衣厂，服装做工难免粗糙，质检环节又比较仓促，因此会有不合格的商品流入市场。2015 年第一季度，H&M 加上增值税的销售额达到 467.9 亿克朗，除去增值税后，销售额与 2014 年同期的 321.4 亿克朗相比，上涨 25%，达到 402.8 亿克朗。营业利润比 2014 年同期上涨 36%，由 2014 年的 34 亿克朗升至 46.4 亿克朗。但 H&M 警告称，美元走强的趋势会导致接下来几个季度里采购成本的增加。2015 年第二季度，H&M 加上增值税的销售额达到 532 亿克朗，净利润达 64.5 亿克朗，增长 11%，整个上半年利润总额增加 19%。

3．比较分析

分析两大品牌可以看出，由于款式与价格原因，ZARA 比 H&M 更受白领阶层喜爱。

女装方面 ZARA 可包含 H&M 的女装顾客，男装 ZARA 较为职业，H&M 更为年轻化，童装上两个品牌差不多一致。H&M 以最优的价格提供时尚与品质，控制物流成本。而 ZARA 以不做广告、不打折的独特价格策略降低库存成本，款式更新更快增加了新鲜感，吸引消费者不断光顾。ZARA 的成功之道在于顾客导向、垂直一体化、高效的组织管理，强调生产的速度和灵活性，多品种少量。而 H&M 以一流的设计、二流的材料、三流的做工赢取市场。

总的来说，两家品牌虽然没有做到最好，尚存一些缺陷，但在成本控制方面都各有特点并且很有成效。从两大品牌成本控制方面不难看出成本会计的作用。成本是补偿生产经营耗费的尺度，是综合反映企业工作质量的忠言指标，是制定产品价格的重要因素，是企业进行很多决策的重要依据。成本控制在企业的发展策略中处于极其重要的地位，所以如果同类产品的性能质量相差无几，决定产品价格高低的主要因素就是成本。只有降低了成本，才有可能降低产品的价格，使企业在市场竞争中处于领先地位。企业的很多决策都需要用到不同的成本数据，如如何生产新产品的决策、亏损产品是否停产的决策、自制还是外购的决策、特殊订单决策、陈品组合决策、最优生产批量决策、生产工艺决策、赶工决策以及供应商选择决策等。所以说，成本控制在企业经营管理中起着至关重要的作用，就像管理大师彼得·德鲁克曾说过，“在企业内部，只有成本”。